「心のコントロール力」を高めるコツ

自制心

大川隆法
RYUHO OKAWA

公開 × 対談

大川直樹
NAOKI OKAWA

まえがき

自制心も、戦後日本で失われた徳目の一つであろう。「武士道《ぶしどう》」も自制心のたまものだし、戦前の日本女性の徳の多くも、この自制心から生まれたものだったろう。

ところが二十世紀から二十一世紀をまたぐ頃に生まれた人たちは、自制心の持つ意味も機能も忘れてきたかのようである。

キレやすさというか、ある種の感情爆発《かんじょうばくはつ》が、家庭や学校や会社、社会で、次々とカオス（混沌《こんとん》）を生み出しているようである。どの道でもマスター（師匠《ししょう》）と呼ばれるためには、アンガー・コントロール（怒《いか》りの抑制《よくせい》）、アンガー・マネジメントが必要である。

このまえがきを書いている今も、大相撲《おおずもう》でモンゴル出身の横綱が、酒席《しゅせき》でモンゴルの後輩の頭をなぐってけがをさせたことが大きなニュースになっている。土俵《どひょう》の上で強いだけで横綱がつとまるわけではないのだ。自分に克《か》つ心こそ、競争社会の先にあるものである。

二〇一七年　十一月十七日

幸福《こうふく》の科学《かがく》グループ創始者兼総裁《そうししゃけんそうさい》　大川隆法《おおかわりゅうほう》

自制心　目次

自制心

――「心のコントロール力」を高めるコツ――

二〇一七年七月二十七日　収録
幸福の科学 特別説法堂《せっぽうどう》にて

1　守りの自制心❶

命取りになる「脇《わき》の甘《あま》さ」はないか？　13

6 自制心の応用 自制心は、恋愛《れんあい》にも効くのか？ 97

7 自制心の鍛錬❷ 仕事のなかで自制心を鍛《きた》えているか？ 110

10

結論　自制心が生み出す幸福とは？

自制心

―「心のコントロール力」を高めるコツ―

二〇一七年七月二十七日　収録

幸福の科学　特別説法堂《せっぽうどう》にて

対談者

大川直樹《おおかわなおき》（幸福の科学常務理事　兼《けん》　宗務《しゅうむ》本部第二秘書局担当）

〔収録時点・幸福の科学上級理事　兼　宗務本部第二秘書局担当〕

1 守りの自制心❶ 命取りになる「脇《わき》の甘《あま》さ」はないか？

なぜ、「自制心」は人生の各年代において必要か

大川隆法　「自制心」は、宗教的生活にとっては非常に重要なものですが、一般《いっぱん》の職業生活においても大事な面はあるし、おそらく、家庭生活においても大事なものではないかと思います。

したがって、そのあたりを念頭に置きながら、「自制心という言葉から出てくるものをいろいろと解読してみたい」というのが今日の試みです。

大川直樹　よろしくお願いします。

大川隆法　例えば、直樹さんなどは、周りから、「自制心の代表のような人だ」と思われているみたいなので……。

大川直樹　それは畏《おそ》れ多いですね（苦笑）。

大川隆法　今日は、その秘密も明らかにしてみたいと思っています。

大川直樹　ありがとうございます。自制心について語るには、私はまだ実力・年齢《ねんれい》共に未熟で、おこがましいところもあるとは思っているのですけれども……。

ある意味で、若いうちに自制心を身につけておくことは、今後の仕事を進めていく上でも、勉強をしていく上でも、あるいは、人生の成功をつかんでいくためにも必要なのではないかという気がしています。

ですから、今日の対談を通して、私自身も学びを深めてまいりたいと思います。

大川隆法　確かに、若いころに自制心を身につけるのは難しいとは思います。

例えば、孔子《こうし》の言うように、「吾十有五《われじゅうゆうご》にして学《がく》に志《こころざ》す」から始まって、順番に行きますが、だんだん年を取ってくると、最後は、「思いどおりにやっても矩《のり》を踰《こ》えず（七十にして心の欲《ほっ》する所に従って、矩を踰えず）」というようになってくるんですよ。というのは、生きるエネルギーが落ちてきて、世慣れてくると、だんだんそうなってくる感じがあるんですね（笑）。

特に若いころは、基本的に、「暴走する傾向《けいこう》」「スピード制限を超《こ》えてしまう傾向」があるので、常に気をつけなくてはいけません。

大川直樹　はい。

●孔子（紀元前552年～同479年）　儒教の祖。中国古代の春秋時代の思想家で、魯《ろ》の国（山東《さんとう》省）に生まれ、その地で大司寇《だいしこう》（司法大臣）になるも、数年で退《しりぞ》き、諸国を巡《めぐ》り、道を説いた。「人間完成の道」と「理想国家論」を中心に説き、その言行《げんこう》などを弟子《でし》が『論語《ろんご》』に記した。（上）孔子（仇英画、16世紀頃）

大川隆法　また、中堅層《ちゅうけん》というか、四十代以降ぐらいになると、大事なところでた・が・を外して失敗するようなことを恐《おそ》れなくてはいけなくなります。

だいたい六十五歳《さい》ぐらいまでに、この世的に名声を確立したり、事業に成功したりした人が、晩年になって、「何か、ちょっとしたことでつまずいて晩節《ばんせつ》を汚《けが》す」「週刊誌の記事一本で〝撃墜《げきつい》〟される」というようなこともあるかもしれません。

その意味で、自制心は各年代において必要なものだろうとは思うんですね。

俳優・小栗旬《おぐりしゅん》に見る「人間としての成長」

大川直樹　「各年代において」ということについてですが、最近、観《み》たテレビ番組に俳優の小栗旬《おぐりしゅん》さんが出ていて、次のようなことを話していました。

小栗さんは、俳優として、二十代の前半ぐらいから活躍《かつやく》されていますが、二十代のころは、すごい熱量を持って演技に臨《のぞ》んでいたようです。

そのため、周りにいる俳優が同じような熱量を持っていないと、「なんで、ぶつかってこないんだ？」とか、「本気でぶつかってこいよ！」とかいった、「反骨精神」のようなものを持っていたらしいんですね。

ところが、今、三十歳を超えて、「そういった情熱も大事だけれども、『自分で何とかしないと』と考えすぎないで、『〝いい加減〟で、いいかげんになる』ことを心《こころ》掛《が》けるようになった」とおっしゃっていました。「〝いい加減〟で、いいかげん」というのは、「変な力は抜《ぬ》いて、リラックスして仕事に臨む」という態度を言い表しているようですが、さまざまな人たちと一緒《いっしょ》に成功といえる仕事をするためには、ある程度、自制して寛容《かんよう》にならないといけないのだとおっしゃっているように感じました。

このような話を聞くと、自制心等の心の問題にも、発展段階というか、何か成長過程があるのかなという気はしました。

大川隆法　今、小栗旬さんの名前が出ましたけれども、あの人のいちばん早いほうの作品かと思うのですが、高校時代ぐらいに出ていたドラマ（「GTO」）を観たことがあります。その映画には、群像のように、同じ年齢の高校生ぐらいに見える人たちがいろいろと出ていたのですが、小栗さんは、そのなかでも、いちばん目立たないおとなしい人でしたね。

そのなかで見ると、「この人が十年後に残っている」とは思えないような人で、ほかに目立っていた人がたくさんいたのに、そういう人たちは二十歳を過ぎてから、スーッと消えていき始めました。

そして、おとなしそうだった小栗旬さんが徐々《じょじょ》に出てきて、「刑事《けいじ》の役」や「ヤクザの役」など、けっこう自己顕示《けんじ》欲の強い役もこなしたりしています。

大川直樹　そうですね。

大川隆法　彼は、そのように、暴《あば》れ者の役をやったりしながら、かたや、今年（二〇一七年）も、事務所に拘束《こうそく》されるタレントの人権問題等について、「組合をつくって、タレントたちを護《まも》らなくてはいけないのではないか」というようなことを提案しています。

大川直樹　はい。

大川隆法　ただ、〝潰《つぶ》し〟にかかられて、〝揉《も》み消され〟そうにもなっているので、いろいろと試行錯誤《しこうさくご》はなされているようですね。

いずれにせよ、彼らも、さまざまな演技をしているうちに、自分の個性というか、人間性に合わせた役柄《やくがら》がだんだん来るようになるでしょうから、そういった役を演じるにつれて、一つの勉強の課程を終えたように、徐々に成長していくところはあるのかもしれません。

大川直樹　そうですね。

脇《わき》の甘《あま》さで追い出される厳しい世界

大川直樹　今回、「自制心」というキーワードを頂いているのですが、自制心というのは、「自分の感情や欲望を抑《おさ》えられる心」とも言い換《か》えられるのかなと思います。

そういう意味では、今、活躍している俳優やスポーツ選手であっても、自制心なく欲望に負けたり感情に流されたりして鍛錬《たんれん》を怠《おこた》れば、次第《しだい》にパフォーマンスは落ちていくと思います。このように、自制心というのはあとから効果が現れてくる面もあるのではないでしょうか。

大川隆法　難しいところですね。確かに、いろいろなスポーツがあるので、全部を一口には言えないでしょう。

ただ、今年で言えば、大相撲《おおずもう》で、横綱《よこづな》の白鵬関《はくほうぜき》が通算勝ち星で一千五十勝を達成して歴代一位になりました。今までの一位は一千四十七勝だったと思うのですが、これを超えて一位になったんですね。

白鵬関はモンゴル出身ですが、一千五十勝するまでの間には、やはり、自制心が必要だったと思います。特に、相撲の世界というのは、自制心がないと追い出されてしまうでしょう。親方にいじめられたり、兄弟子《でし》にいじめられたりするような、非常に厳しい世界ですからね。

大川直樹　そうですね。

大川隆法　そして、〝下《した》っ端《ぱ》〟から入ってはいくけれども、実力相応にポジションが変わってくるじゃないですか。

大川直樹　はい。

大川隆法　そういう意味では、会社などでも、出世競争で足を引っ張られたり悪口を言われたりすることはけっこうあると思うんですが、相撲界では、その速度がものすごく速いと思うんですよ。

できる人だったら、もう二十歳《はたち》過ぎから、大関《おおぜき》や横綱になってきますからね。一生懸命《いっしょうけんめい》、雑用をやって、先輩《せんぱい》に水（力水《ちからみず》）をつけたり、褌担《ふんどしかつ》ぎをしたり、太刀《たち》持ちをしたりしていた人が、あっという間にそうなって、立場が逆転するのを、同じ部屋にいる人に納得《なっとく》させるのは、そうとう大変なのではないかと思うんです。

大川直樹　そうですね。

若くして横綱《よこづな》になるも、相撲道《すもうどう》を踏《ふ》み外してしまった青年力士

大川隆法　例えば、あなたの世代では知らないかもしれませんが、以前、相撲界《すもうかい》に、身長が二メートル近くあった人で、優勝はしていないものの、数回、準優勝して横《よこ》綱《づな》になった人がいました。ちょうど横綱も少なくなったころであったし、体格がいいこともあって、その可能性を期待されて二十二歳で横綱になったんです。

ところが、その力士は、結局、一回も優勝しないままに引退してしまいました。理由は、親方夫人の言うことをきかずに、暴力を振《ふ》るったりしたからだと言われています。また、ナイフを集める趣味《しゅみ》があり、柱に向かってナイフ投げをして遊ぶ癖《くせ》があったらしいのですが、ときには、自分より格下の若い力士たちに向かってナイフを投げたりもしていたそうです。

大川直樹　あまりよい趣味ではないですね。

大川隆法　まあ、「年齢相応」と言えば、そうかもしれないのですが、いやしくも横綱ともなれば、天皇陛下《へいか》に会うこともあるし、総理大臣にも会うことがあるぐらいの立場です。

それにもかかわらず、「自分より弱い立場にある若い人を立たせて、ナイフ投げの対象に使う」などということをして遊んでいたら、それは、世間《せけん》が期待する横綱像には合わないでしょう。

大川直樹　そのとおりですね。

大川隆法　一方で、ハワイ出身の曙関《あけぼのぜき》という大きな体の横綱がいましたが、彼は、「横綱というのは、どのようなものだと思いますか」というインタビューを受けたときに、「横綱は、日本では天皇の次ぐらいに偉《えら》い」というように答えたりして、何とかして、その品位を保とうと努力していました。外国人にも、そういう人はいるわけです。

一方、今述べた二十二歳で横綱になった人は、日本人です。身長百九十九センチの体格からして、見るからに素質があって、これからずっと勝ちそうな人だったのですが、結局、優勝もしないままに、期待外れで終わってしまいました。やはり、ナイフ投げの趣味などは、横綱になるころには、やめたほうがよかったと思うんです。

大川直樹　そうですね。

大川隆法　密かにナイフを集めるのならともかく、実際に人に向けてナイフを投げたりしてはいけません。

あるいは、親方ではないにしても、親方夫人は、立場上、マネージャーのようなものなので、言うことをきかなくてはいけないと思うんですが、そちらに対しても罵詈雑言《ばりぞうごん》を吐《は》いたりするのは、やはり、相撲道《すもうどう》において許されないことだったでしょう。

大川直樹　はい。

本来、模範《もはん》を垂《た》れるべき人が道を外すことは許されない

大川隆法　そういう意味では、素質の高い人ほど、いわゆる〝スピード制限〟を超えてしまうわけです。

しかし、例えば、「『この高速道路は、時速八十キロで走れ』と言われているけれども、自分は百二十キロでも大丈夫《だいじょうぶ》だ」とか、「今日は空《す》いているから二百キロ出しても大丈夫だ」とか思ったとしたら、どうでしょう。

結局、そういうところに自制心のない人であれば、たとえ、それが本当に運転の

うまいプロのレーサーであったとしても、制限速度八十キロのところを二百キロで走ってしまうわけです。

確かに、そういった人は、車が少なければ、おそらく事故は起こさないでしょう。しかし、それがパシッと写真に撮《と》られて回されたら、やはり、プロとしては失格する可能性があると思うんですよ。

もちろん、A級レーサーをやっているような人たちからすれば、車がほとんど走っていないような、まっすぐな道路を時速二百キロぐらいで走ったところで、当人としては肩慣《かたな》らし程度の何でもないことでしょう。「サーキットまで行かなくても走れて問題はない」と思っていても不思議はありません。

しかし、本来、模範《もはん》を垂《た》れるべき人が、「他人《ひと》が見ていなければいい」と思って、そうしたことをやっていたら、ほかの人だってやるかもしれないわけです。プロのレーサーでなければ、制限速度が八十キロのところを九十キロで走っても事故を起こすかもしれません。

そういうこともあるので、人から見て、「手本」と見られるような筋《すじ》にいる人たちは、「相撲道」なり「レーサー道」なりを守るのは当然のことながら、それから外れたならば、やはり、「脇《わき》が甘《あま》い」と言われて、許されないことはあるのではないでしょうか。

大川直樹　はい、おっしゃるとおりだと私も思います。能力があり、かつ模範とされているような方や、人材の養成を大切にしているような方などは、「人から見られている」といいますか、「人から手本にされている部分がある」ということを自然と意識されているように思います。やはり、人から見られたくない部分や、人から見られると信頼《しんらい》を失うような部分を持ちすぎていると、自分としては隠《かく》しているつもりでも、いつの間にか、内面から、その部分が滲《にじ》み出てきてしまうように感じます。

その結果、周りの人からは、「ここは、やや緩《ゆる》んでいるな」というように見られたり、「脇が甘いな」と勘《かん》づかれてしまったりするのではないでしょうか。

大川隆法　うん。そう、そう。

2 守りの自制心❷ あなたの「自己認識」は、年齢《ねんれい》相応か？

周りを見て切り替《か》える賢《かしこ》さが要《い》る

大川直樹　やはり、そういったところについて、自分で自分を制していくような面を持っていなければ、努力としても落ちてくるところがあると思いますし、周りからも応援《おうえん》してもらえなくなるところはあるのではないでしょうか。

大川隆法　このあたりについては、個人個人で違《ちが》うし、処方箋《しょほうせん》のようなものをもらえるわけではないので、「自分で順風か逆風かを見て、判断しなければいけない」という賢《かしこ》さが要《い》るんですよね。

大川直樹　はい。

大川隆法　例えば、私などは、親もそうだったので、遺伝的なものもあれば、家庭の文化的なものもあったと思うんですが、小学校高学年ぐらいで、「歯に衣《きぬ》を着せず」というか、抑《おさ》えずにパンパンと、思ったことを言ってしまうような癖《くせ》がありました。

ただ、小学生や中学生ぐらいだと、きついことを言っていても、それはそれなりに面白《おもしろ》かったり、周りから、「あいつは平気で言ってくるな」というように、かえって好かれたりすることが、まだあったんですよ。

もちろん、勉強はよくできたので、一目《いちもく》置かれていた面があって、それがクッションになっていたところもあると思うんです。

ところが、大学へ入るころになってくると、やはり、周りのレベルが高くなってきました。地方から順番に上がってきて、東京まで来た秀才《しゅうさい》たちが集まっているところに来ると、みなもそこそこの見識は持っているんですね。そのため、田舎《いなか》では許されたというか、歯に衣を着せずにポンポン言うことに対して、周りの反応が変わってきたわけです。

それまでは、「あいつは、ズケズケ言って、それで好かれるんだ」と、いいように言われていました。母親からも、「この子は、性格的に、ズケズケとものを言って人に好かれる不思議な子だ」と言われたり、学校の先生からも、「妙《みょう》な徳があるね」とほめられたりしていたんですよ。それが、東京大学の学生になると、なかなか許してくれなくなったのです。

そもそも、地方から東大に来た人というのは、みな、高校のトップクラスの人たちであるし、都内の人というのは、小学校時代から進学塾《じゅく》で締《し》め上げられて、激しい競争のなかを生き抜《ぬ》いてきた人たちです。

彼らの多くは、要領がよく、無駄《むだ》なことをせず、上の人にも礼儀《れいぎ》正しくやってきた「いいところの人たち」なので、すぐに私はいろいろなことを指摘《してき》され始め、けっこう葛藤《かっとう》しました。

要するに、周りから要求されている次元によって反応が変わってくるわけで、二十歳《はたち》前後の私は、そのあたりの「切り替《か》え」がなかなかできなくて苦しんだのです。

社会人が求められる〝賢《かしこ》さ〟とは

大川隆法　また、それを乗り越《こ》えたかなと思っても、社会人になったら、今度は年上の人がたくさん出てきて、基本動作や語り方の足りないところを指摘されました。実際、実社会に出てみると、五年以上キャリアが違うと言葉が通じなくなってくるんですね。

大川直樹　はい。

大川隆法　そのため、十年選手、二十年選手が言っていることは、ストレートには分からないんですよ。彼らは、簡単に言いますからね。

大川直樹　確かに、私も似たような経験をした記憶《きおく》があります。

大川隆法　それは、野球のサインのようなものなんですよ。指を一本出したり、二本出したり、あるいは開いたりして、いろいろなサインを出しますが、そのようなもので、何かポッと言われると、慣れている人は「ああ、こういうことなんだな」とピンときて動けるんです。

例えば、キャリアの長い上司が「喉《のど》が渇《かわ》いたな」と言ったら、「お茶ぐらい出せ」と言っている場合もあるんですね（笑）。「自分にお茶を出せ」と言うと、何かいやらしいので、「ちょっと喉が渇いたかな。今日は乾燥《かんそう》しているね」というような言い方をするわけです。

そうすると、気の利《き》いた女性や先輩《せんぱい》などであれば、バーッとお茶を出してきたりするんですね。

ところが、気が利かないと、「今日は喉が渇くね」とか「乾燥するね」とか言われると、「いやあ、梅雨《つゆ》だから、そんなことはないですよ」などと平気で答えてしまうわけです（笑）。

大川直樹　（笑）

大川隆法　「普通《ふつう》、真夏のほうが乾燥しますが、今は梅雨なので、一般《いっぱん》的には湿《しめ》っています。だから、それほど乾燥はしていませんよ」などと平気で答えると、「あいつはバカか」と、だいたい言われます。「遠回しに言ったんだから気がつけ」というわけなんですね。

その意味で、こうした〝賢《かしこ》さ〟には、やはり、発展段階があるんだなと思います。

大川直樹　はい。

「自制心」と「自己保身《ほしん》」の違《ちが》いに気づけ

大川直樹　そのように、言われたことに気づいて、「自分は、こうしなければいけない」と分かるためには、「学力が高いという意味での頭のよさ」とはまた違《ちが》った、「勘《かん》のよさ」といいますか、「天性のもの」が要るように思うのですが、このあたりは鍛《きた》えられるものなのでしょうか。

大川隆法　まあ、微妙《びみょう》に難しいですね。

大川直樹　（笑）

大川隆法　「自制心」というと、一般的には、「矛《ほこ》」と「盾《たて》」で言う「盾」の部分、護《まも》る部分になることのほうが多いのかなと思うんです。要するに、能力が高くて自分が攻《せ》めようとしている人の場合、盾を持たずに、矛で攻めてばかりいたら、攻めたあとに〝隙《すき》〟ができるので、やられてしまうわけですね。

逆に、「能力的に自己発揮しよう」と思っていないような人にとっては、この「自制心」という言葉は、気をつけないと、いわゆる、ただの「保身《ほしん》」になってしまうでしょう。「とにかく何もしない。悪口も言われず、敵もつくらず、仕事もせずに定年まで無事に過ごしました」ということにもなりかねません。このあたりは難しいところだと思います。

大川直樹　そうですね。私も、どちらかというと、「おとなしい」と言われることが多いので、気をつけているのは、「謙虚《けんきょ》さだ」と思っているところが、逆に「自己保身」であったりしていないかということです。やはり、「何もしないことによって逃《に》げている部分」というのは、「謙虚さ」や「自制心」とは違う部分だと思うんです。

総裁先生は、以前、「釈尊《しゃくそん》は〝自我〟を否定しているのであって、〝自己〟というものを否定してはいない。これが分からない人が多いのです」と教えてくださっています。あえて身近な言葉で言うとすると、例えば、「自分なんて駄目なんだ」と自己を否定することは、「自制心」ではなくて、「自己卑下《ひげ》」だったり「自信のなさ」だったりするのではないでしょうか。

大川隆法　そういうことはありますね。

大川直樹　このあたりは、気をつけなければいけないとは思っています。

3　守りの自制心③　「公《こう》と私《し》」の区別は、立場相応か？

「自分の言葉の波及《はきゅう》効果」まで考えながら話す力について

大川隆法　ただ、それより、もう少し〝積極的な意味〟での難しさもあるんですよね。

例えば、当会の布教誌である月刊「幸福の科学」などには、私がＨＳＵ（ハッピー・サイエンス・ユニバーシティ）の文化祭に行って、見て回った記事が載《の》っていたりします。

文化祭では、いろいろな展示がされているわけですが、たまたま、ある教室に展示されていたマンガを見て、私が一言《ひとこと》、「このマンガは可能性があるね」と言って通ったんですね。

そうしたら、その場にはいなかったのに、描《か》いた本人がそれを聞いて、「（大川隆法総裁）先生が『可能性がある』と言った！」ということで、いったん応募《おうぼ》して「まあ、いいね」で放っておかれていた作品に関して、「やはり、これは、もっと連載《れんさい》ができるように、頑張《がんば》って押《お》し込《こ》むべきではないかと思って、チャレンジし始めた」というようなことがあるわけです。

あるいは、ＨＳＵの新聞部で出している「天使の梯子《はしご》」という新聞がありますが、これについても、私が、「だんだん文章が洗練されてきて、大人が書くような文章になってきたね」というようなことをチラッと言ったりすると、やはり、その

ハッピー・サイエンス・ユニバーシティ（ＨＳＵ）は、「幸福の探究と新文明の創造」を建学の精神とし、「人間幸福学部」「経営成功学部」「未来産業学部」「未来創造学部」の４学部からなる。千葉県長生村《ちょうせいむら》（左写真）と東京都江東区（右写真）にキャンパスがある。

部内の人たちが自信を持ったりします。「これで食べていけるかもしれない。学校の新聞から、リクルート社のように、会社をつくるところまでやってしまおうか！」という感じになったりするんですよ。

そういう意味で、私の場合、〝言葉の一つひとつが重い〟んだなと感じています。別に失言しているわけではないのですが、「ある言葉を発したら、それをほかの人がどう受け止めるかという波及《はきゅう》効果まで考えながら言葉を発さなくてはならない」というのは、かなり難しいことだと思うんです。

大川直樹　それは難しいことですね。実は、私も、人に何かを伝えるときに、たとえ一人の相手に話したとしても、そのときの言葉は、伝えた人だけではなくて、その部署や組織等に、何となく伝わっていっていると感じるときがあります。言葉の波及効果の重要性というか、ある種の怖《こわ》さを感じました。

総裁先生は、日ごろから社会に影響《えいきょう》を与《あた》え、日本に、そして世界に向けて言葉を発信されていらっしゃるので、私が感じた部分は、小さな範囲《はんい》のものでしかありません。

しかし、会社や何かの組織において、他の人と一緒《いっしょ》に仕事をしているのであれば、伝えるときの言葉や思い等を、しっかりと正しいものにしていこうという視点は持たなければならないと思います。この視点は、一定の影響力がある立場にいるのであれば、なおさら必要になってくるのではないでしょうか。

結局、このあたりがつかめなければ、「人には言うけど、自分はやっていないではないか」「人によって、言っていることが違《ちが》う」と反発され、周りからの信頼《しんらい》を失ってしまうことにもつながるような気がします。このように、いろいろな人に聞かれてもいい言葉やよい影響を与えられるような内容を伝えるというのは……。

大川隆法　難しいね。

大川直樹　はい。難しいですし、大変ですが、必要なことかなと思っています。

大川隆法　比較《ひかく》の対象として出したら失礼に当たるのかもしれませんが、天皇陛下《へいか》や総理大臣なども、やはり、〝言葉は重い〟でしょうね。天皇陛下の言葉であれば、どこから見ても隙《すき》がないように話さなければいけないので、準備もなされて、チェックも入っているとは思いますが、本心をそう簡単には語れないところはあるかもしれません。

安倍《あべ》首相の「こんな人たち」発言に見る、立場認識の難しさ

大川隆法　それから、総理大臣なども抽象《ちゅうしょう》的な言葉をよく使います。具体的なことを言うと、そこをパンッと拾われて問題が出たりしますからね。

あるいは、大臣の答弁でも、「こんな小さな問題」などと言ったりしたら、野党としてはカッときて、「私たちが一生懸命《いっしょうけんめい》やっていることが、小さな問題ですか？」

という感じになるでしょう。それで、「辞《や》めろ!」と来るので、やはり、立場相応に厳しいなとは思います。

大川直樹　最近でも、都議選のときに、秋葉原《あきはばら》での最後の街宣《がいせん》で、安倍《あべ》首相が「こんな人たちに負けるわけにはいかない!」と言ってしまいました。

大川隆法　ありましたね。

大川直樹　確かに、野次《やじ》を飛ばした人たちもひどいとは思うのですが、彼らに向けて「こんな人たち」と言ったことが、あとで、「暴言を吐《は》いた」というように言われました。

大川隆法　安倍首相は、「マスコミから叩《たた》かれているので、応援《おうえん》演説はしないでくれ」と言われていたのか、体育館のなかで少しやっただけでした。しかし、それでは我慢《がまん》がならなくなって、「一回ぐらいは」と思って最後に秋葉原へ行ってやったところ、反対派がちゃんと来ていたんですね。

大川直樹　はい。反対派が大多数を占《し》めていたとマスコミに映るように、仕込んでいた感じもあります。

大川隆法　横断幕を掲《かか》げて、「安倍、辞めろ！」といったことをやられてしまいました。

大川直樹　ええ。

大川隆法　おそらく動員がかかっていたのだろうと思いますけれども。

大川直樹　はい。マスコミ報道陣《じん》の横で反対運動をやっていましたから。

大川隆法　ただ、「公然」というか、「公衆の面前《めんぜん》」であるので、立場上、許されなかったのでしょう。反対している人たちであっても、一般《いっぱん》国民であることは間違いありません。国民に〝色〟は付いていないし、彼らも国民の一部ではあります。

民主主義のなかにおいて、総理たる者が、国民であることが明らかな人々から批判を受けて、「こんな人たち」と言ったわけですが、それではまるで、外国の密航者かテロリストでも集まってきたかのような印象を与えかねないでしょう。総理大臣の場合、そうした言葉を吐いただけでも許されないので、確かに厳しいですね。

大川直樹　ものすごく厳しいですね。

私は現地に行っていないので、事実は分かりかねるのですが、演説が聞こえないくらい反対運動が騒《さわ》がしかったとも言われているので、演説を聞くマナーが守られていなかったというか、安倍首相への同情の余地はあるかもしれません。しかし、人に何かを伝えるときには、立場相応の言葉の配慮《はいりょ》が必要ですし、「伝える資格」も要《い》るとは思います。

大川隆法　やはり、レベルがあるでしょうね。国会議員でも、「一年生議員」であれば、一列目などに並んで野次を飛ばすのが仕事なので、何を言っても、とにかくワアッと野次を飛ばしますが、それで書かれることはめったにありません。

しかし、大臣ぐらいになると、言葉が重くなってくるんです。例えば、前復興大臣も、マスコミの人に、「君は出ていけ！　もう二度と来るな！」と言ったのを何回も繰《く》り返し流されたら、クビになるしかなかったということがありました。

某《ぼう》女性議員の命取りとなった不用意さ

大川隆法　それから、四十二歳《さい》の某《ぼう》女性議員（収録時点）の言葉が「今年の流行語になるかもしれない」と言われています。

大川直樹　（苦笑）

大川隆法　車の後部座席から、五十五歳の男性秘書の頭を叩き、「このハゲー！」とか、「死ね」とか言ったそうですが、それを録音されていたわけです。

大川直樹　すごい罵声《ばせい》が、テレビのニュースや情報番組等でも流されていました。

大川隆法　恐《おそ》ろしいですね（苦笑）。「命取り」ですよ。密室のようなところなので、

「誰《だれ》も聞いていない」と思って不用意に言ったのでしょうけれども。いやあ、怖いですね。

大川直樹　そうですね。

大川隆法　私も秘書が〝怖くて〟しょうがないんです（笑）。

大川直樹　（笑）

大川隆法　秘書がたくさんいるので、誰が、どこで何を聞いて、何をしゃべっているのか分かりません。その日話したことを全部、〝背中に貼《は》り付けて〟歩いてくれれば、「ああ、こんなことをしゃべったんだ」と分かるんですけれどもね（会場笑）。

大川直樹　（笑）

大川隆法　誰がどこまで聞いて、どこまで言っているのか分からないので、私もけっこう厳しいものがあります。

「自分の話」をするだけで「他人《ひと》にダメージ」が行く状況《じょうきょう》

大川直樹　でも、総裁先生は「公《こう》と私《し》」の私の部分がないというか、オープンにされていますよね。

大川隆法　いや、そんなことはないですよ。

ただ、朝や夜中もそうですが、私は、夢を見たら、起きて家内《かない》（大川紫央《しお》総裁補佐《ほさ》）と話をすることがあって、家内はそれをメモしたり録音したりしています。また、起きたあと、私の夢の話を聞いて、何かピンときたものがあったら、宗務《しゅうむ》本部長あたりに、「先生は、今日、こういう夢を見ました」と報告が行くんです。

大川直樹　（笑）

大川隆法　そうすると、〝夢分析《ぶんせき》〟に入って、「これは、こういう問題があるのではないか」と考えるようなんですが、ここまで仕事に入っていると思うと怖いですね。

大川直樹　でも、それで批判が出ないというか、そこまで仕事に入っているということは、やはり、それだけ……。

大川隆法　いや、「批判が出ない」とか、「内容が正しいか」とかではなくて、周りの人がそれだけ気を配ってくださっているから済んでいるんだと思います。

私以外の人がこうしたことを言うと、攪乱《かくらん》要因として処罰《しょばつ》されるかもしれませんが、「総裁がそんな夢を見たということは、どこかで、何かよくないものが渦巻《うずま》いているのではないか」といった感じで、〝犯人探し〟というか、情報源探しのようなことをする方がいるんです。だから、普通《ふつう》の世界より、もっともっと厳しいでしょうね。

大川直樹　はい。

大川隆法　「心のなかで思っただけでも罪になる」とキリスト教でも言われていますが、「夢に登場しただけでも罪になる」という世界ですよ（苦笑）。

大川直樹　（笑）

大川隆法　昔、古典で、平安時代の文章について教わっているとき、「当時は、『夢に相手が出てくるということは、相手が自分を思っているからだ。夢にさえ出ないということは、相手がつれなくなっていて、もう自分を忘れているからだ』と解釈《かいしゃく》していた」と習った覚えがあります。

確かに、実際に自分が霊能者《れいのうしゃ》になってみると、寝《ね》ている間に、強い意見がある人は訴《うった》えかけに来るんですよ。私は、それを夢のなかで聞いてしまうわけですが、私に直接、電話ができない分、そういうかたちで来るのかもしれません。こうしたことは多いですね。

また、「夢にこういう人が来た」と言葉に出すだけでも、下手《へた》をすると、夢に登場した人に〝ダメージ〟を与えることもあります。「夢」なので、ときどきは、象徴《しょうちょう》であったり、前の日の出来事が影響したりしている場合もあるでしょう。そういうところは気をつけなければいけませんよね。

とにかく、だんだん、言葉は重くなるし、行動も重くなってくるので、世の中、実に厳しいなと思います。

4 攻《せ》めの自制心

勝負時《しょうぶどき》に勝てる自制と鍛錬《たんれん》をしているか？

生産性向上に向けての「切り上げ」と「集中」

大川直樹　自制心を踏《ふ》まえて、言葉や行動のコントロールについてお話を頂きましたが、「なぜ、自制心を持っておかなければいけないのか」といったところに話を進めていきたいと思います。

大川隆法　ええ。

大川直樹　先ほど、総裁先生の生活についてお話がありましたが、現在の総裁先生は、厳しく自己管理されていらっしゃるようにお見受けします。例えば、体重をかなり繊細《せんさい》に測定し、コントロールされていると伺《うかが》っています。私は、それを聞いて、「イチロー選手よりも徹底《てってい》されている面があるのではないか」と思いました。

というのも、イチロー選手であっても、体重コントロールに失敗された経験があるそうなのです。イチロー選手は、アメリカのメジャーリーグに行ったときに、「メジャーの選手は、体格も大きいし、パワーもある」ということで、当初、三キロぐらい体重を増やしたそうなんです。

大川隆法　ああ。

大川直樹　「でも、三キロ増やしたことによって体がすごく重くなり、よいパフォーマンスができなかった。やはり、日本人には日本人の骨格に合った筋力がある。適正体重から三キロ増えただけでも駄目《だめ》だった」と言っていたのをテレビか本かで知りました。

大川隆法　うん、うん。

大川直樹　総裁先生は、もっと細《こま》かく、繊細に自己管理をされているとのことなので。

大川隆法　私の場合は、体重を〝百グラム単位〟で量《はか》っていて、「増えた」と思ったらすぐに減らしに入るようにはしています。

大川直樹　百グラム単位ですか⁉

大川隆法　それでも少しずつ変化していくので、増えた場合は、「筋肉が増したためにやむをえず増えたのか。そうではなくて増えたのか」といったことを、いちおう考えるようにはしているんですね。

大川直樹　そのような自己管理が、総裁先生の驚異《きょうい》的なお仕事を下支えしている一つの要因なのですね。

総裁先生は、これまでにも、よい仕事を長く続けるには、体力づくりが必要であると教えてくださっています。このように考えると、体力を維持《いじ》・向上するための自己管理を支える大切なマインドの一つに、自制心もあるような気がします。そういった意味で、「自制心」は、何の仕事をするにしても、「パフォーマンスの向上」、「生産性の向上」においても必要な面はあるなと思います。

大川隆法　これについて、もう一つ述べておきたいのは、能力の高い方も多くいるでしょうけれども、「能力を散らしてしまってもいけないところがある」ということですね。「能力がいろいろあって、多才なのだけれども、器用貧乏《びんぼう》になってしまう」ということもあるので、「それをいかによく自制して、効果的な仕事にしていくか」を考えて努力しないといけません。そうでないと、いわゆる「虻蜂《あぶはち》取らず」になってしまうわけです。

大川直樹　はい。

大川隆法　私は、実際、いろいろなことを手がけています。幸福の科学グループの行《おこな》っている仕事を見れば分かるとおり、さまざまなことをしていますが、私は、今、そのほとんどにかかわっているので、単なる多動性風に動くだけだと、「虻蜂取らず」もいいところになってしまうでしょう。そのため、ある程度、「重点」を絞《しぼ》り込《こ》んだり、あるいは、「切り上げどき」や「力の加減」を考えなければいけないんです。このあたりも自制心の問題ではあるでしょうね。

大川直樹　おっしゃるとおりだと思います。

大川隆法　要するに、自制心が、単なる防御《ぼうぎょ》だけではなくて、「智慧《ちえ》の部分」になることもあるわけですね。「智慧」としてコントロールする技能になった場合は、生産性を上げることにもなります。自制心というと、ストップするだけかといったら、そうではありません。「それによってよくコントロールされると、生産性が上がってくる」ということもあるんです。

「ちはやふる」と「あらぶる」の違《ちが》い――誰《だれ》と競争するか

大川直樹　以前に触《ふ》れられた、「ちはやふる」と「あらぶる」のところも、それに関係しているように思います（『凡事《ぼんじ》徹底と成功への道』〔幸福の科学出版刊〕参照）。

大川隆法　そうですね。これも難しくて、お昼に、「この言葉は、英語に翻訳《ほんやく》するとき、何になるんだろう？」という話をしていたんですよ。

以前、「ちはやふる」という競技かるたの映画がありましたね（「ちはやふる―上《かみ》の句―」「ちはやふる―下《しも》の句―」（二〇一六年公開／東宝））。続編も制作されるとのことですけれども。

その映画のなかで、「『ちはやふる』と『あらぶる』は違《ちが》うのだ」ということを言っていて、私には、それが一つの悟《さと》りの言葉のように感じられたんです。

映画にもありましたが、コマが実によく回っているときには、まるで止まっているように見えますよね？

大川直樹　はい。

映画「ちはやふる―上《かみ》の句―」（小《こ》泉《いずみ》徳宏《のりひろ》監督／2016年公開／東宝）

大川隆法　コマにも、中心軸《じく》がズレないで、止まっているように回っているものもあれば、回し方がワイルドだったために、コマの頭が揺《ゆ》れながらグワーッと回っているものもあります。共に「よく回転している」ということは同じでしょうが、「ちはやふる」は、止まっているように見えるほうです。

一方、「あらぶる」は後者で、ガリガリと周りを弾《はじ》き飛ばしていくほうですね。確かに、コマ同士をぶつけて喧嘩《けんか》させるといった場合であれば、「あらぶる」でもいいのだろうと思います。衝撃力《しょうげきりょく》の強いほうが、ぶつかったときに相手のコマを弾き飛ばせるので、そのほうがいいでしょう。

ただ、競技かるたであっても、ある意味での達人の域に達してきたら、そういう競争の世界ではなくて、「自分との戦い」の世界になります。場合によっては、「未来を読む」ようなところまで行かなければいけません。

例えば、映画「ちはやふる」の主人公は、「『ふ』の音が読まれる前の空気の動きを感じ取って、（読み手の）言葉が出る前に手が札を取りにいっている」といったように描《えが》かれていましたが、それは「未来を読んでいる」ということですよね。

そういう人には、あらぶるかたちで他人《ひと》と競争しているだけでは勝てません。

こうなるためには、「究極のサイレンス」、「沈黙《ちんもく》」のなかで光を見いだすような努力が必要でしょう。完全に、「自分の才能の壁《かべ》を越《こ》えられるかどうかの戦い」だと思いますね。

大川直樹　そのとおりですね。

大川隆法　最初は、他人との競争のために、一生懸命《いっしょうけんめい》、自分の腕《うで》を磨《みが》いているわけですが、一定以上の域、達人の域に達したら、他人との競争はどうでもよくなってきて、「自分との競争」だけになるんです。「自分自身のいちばん奥《おく》にあるものを求めていく戦い」になるんですね。それが、「ちはやふる」のところかと思います。

その仕事は、「流れる水のよう」か？

大川直樹　これは、宗教的に言うと、「アルファ波の状態というか、心が穏《おだ》やかな状態を維持しつつ仕事をする」ということにもつながるのでしょうか。

大川隆法　そうですね。例えば、同じ仕事でも、やる人によってずいぶん違《ちが》うんですよ。能力的に足りないか、知識的に足りないか、あるいは、経験的に足りない人に仕事を振《ふ》ると、大騒動《おおそうどう》になることがあります。こういう人は、その仕事ができないと周りを引き込んで、ほかの人の仕事を止めたり、ワアワアと騒がせたり、八《や》つ当たりをしたりといったことが起きるんですよ。これについては、私も人のことは言えなくて、若いときにそういう経験があります。

ただ、能力が余っていて、「そのくらいの仕事なら、どうってことはない」という人は、流れる水のようにスーッと仕事をやっていけるところがあるんですね。このあたりは、乗り越えていかなければいけません。

歌手でも、そういうところはありますよ。特に地方巡業《じゅんぎょう》などであれば、環境《かんきょう》が一定ではないので、みんな、すごく神経質になったりします。冬場は乾燥《かんそう》したり、風邪《かぜ》をひいたりと、怖《こわ》いですからね。

大川直樹　はい。

大川隆法　あるいは、野球選手でも、昔の巨人《きょじん》軍の四百勝投手だった金田正一《かねだまさいち》氏は、肩《かた》を冷《ひ》やさないように、夏でもセーターを着ていたらしいですね。確かに、クーラーがあるところなどに行くと冷えますからね。夏でも、肩を冷やさないように、そうしたことをしていたようです。歌手でも、ドアの隙間《すきま》にテープを貼《は》ったり、いろいろしています。

私も、気がつけば、そのようになっていました。地方で行う行事のために、ホテルに泊《と》まることがありますが、「ホテルの人に申し訳ないな」と思うことがあるんですよ。というのも、私は何も指示はしていないのですが、私の秘書たちが、事前にそのホテルの装置と備品を全部調べて、今までの経験値から、足りないと思うものを洗い出し、東京から送りつけるんです。

おそらく、ホテル側は〝ずっこけて〟いるのではないでしょうか。「いちばんいい部屋なのに、これでまだ文句《もんく》があるのか」などと思っているかもしれません。

加湿器《かしつき》の数やタオルの枚数まで調べますし、さらに「アイスノン（保冷剤《ざい》）」は持っていくわ、「蛍光灯《けいこうとう》」は送りつけるわ、備品のなかには、「滑《すべ》り止め」まであるのです。秘書たちは、「お風呂《ふろ》のなかや、お風呂から出たあたりのところが大理石になっているかどうか」まで確認しているのですが、大理石だと滑ることがあるからですね。「スッテンコロリン」されたら、翌日や当日の行事が潰《つぶ》れる可能性のあるダメージになるわけです。実際にそういうことがなかったわけではありませんから、ホテルに「滑り止め」まで送っているんです。

おそらく、一流ホテルや一流旅館は、「ここまでうちを信用しないのか」とムカッとくるだろうなとは思います。それに、部屋の設定温度まで伝えているので、向こうは「来てから言ってください」と言いたくなるでしょうが、そこまで細かいんですね。

大川直樹　（笑）

大川隆法　さらに、昔、某《ぼう》大手旅行会社の方が、私の秘書とやり取りをしていて、「うちの旅行会社を超《こ》えられたかもしれない。ここまで言われたら、プロとして成り立たない。ここまでチェックをされるのか」と言っていました。

私がインドへ巡錫《じゅんしゃく》に行くときに、事前に秘書が、その旅行会社に、「インドに出る虫を教えてください。どんな虫が出るのですか」と訊《き》いたんです。しかし、大手の旅行会社であっても、インドに出る虫を全部、網羅《もうら》して、「それは何でもって退治できるか。どの薬だったら全部、対応できるか」というところまで、ソフトがないんですね。そのため、「うちの会社ではもう無理かもしれない」と言っていたのを覚えています。

大川直樹　はい。

大川隆法　ただ、それはずいぶん前の話なので、今はもっと〝進化〟しているでしょう。そういう旅行のブローカー風の仕事では、プロの秘書たちには敵《かな》わないということです。

プロの人たちは、対象が決まっていて、万全《ばんぜん》の仕事ができるようにいつも考えるので、やはり、「外

2011年3月6日、インド・ネパール巡錫において開催された講演会“The Real Buddha and New Hope”（真なる仏陀と新たな希望）の様子。本会場となったインド・ブッダガヤにあるカラチャクラ広場には、4万人以上の聴衆が詰めかけた。（左）『大川隆法 インド・ネパール巡錫の軌跡』（幸福の科学出版刊）

部の人にあっさりとやられるようではいけない」ということなのでしょうけれどね。

大川直樹　そうですね。

大川隆法　私の秘書たちも、「ちはやふる」をやってはいるのではないでしょうか。このあたりは、けっこう厳しいですね。

「プロの秘書の仕事」とはどういうものか

大川隆法　これについては、以前、宗務《しゅうむ》本部長の武田《たけだ》さんも言っていました。

私が学生部の研修か何かで英語説法《せっぽう》をする前に、ある単語について、女性秘書に、「あの単語は何と言うの?」と訊きました。「セミ」という単語だったのですが、彼女は、それを調べて、「こういう発音ですよ」と教えてくれたんです。私は、「ああ、なるほど」と言って、車に乗って移動したのですが、現地に着いたときにはすでに忘れていました。それで、その女性秘書から、あとで、「総裁先生は、説法中にあの単語を使って発音を間違えましたよ」と言われたんです。

なお、私がその単語の発音を間違えたために、法話《ほうわ》を聴《き》いた人で単語の意味が分かった人はおらず、「総裁先生は、難しい単語を使われたな。これは分からなかった」と言っていたので、申し訳ないことをしました。

ところが、この話を聞いて、武田さんは、その女性秘書に、「君、それでは駄目なんだ！　辞書を調べて、単語の綴《つづ》りと発音記号と意味を書いたものを先生にお渡《わた》ししなさい。そして、『このとおりに言ってください』と伝えるべきなんだ」と言ったそうです。確かにそういうメモを渡してもらっていたら、間違うことはなかったかもしれません。やはり、移動時間があったら、その間に忘れることもあるわけです。私は、たいていメモを取らずに宙《ちゅう》で覚えていますが、たまには間違えることもあるんですね。

要するに、武田さんが言いたかったのは、「『総裁先生が間違えた』で済ませているようでは、秘書としてプロではない。あなたがメモをピシッと渡さなかったのが間違いなのだ。そのメモをポケットに入れておいて、もう一回、見ていれば、先生は間違うことはなかっただろうに」ということでしょう。

大川直樹　はい。

大川隆法　もちろん、そうしたことはたまにしか起きませんが、私の場合は、ほとんどメモなしで宙で覚えるので、頭に入っているものが出てくるときに、たまに間違うこともあるんです。

人前で話す際の「勝負力」をアップする鍛錬《たんれん》を

大川隆法　また、「自分としては○○と言っているつもりでいるのに、あとで説法の映像を観《み》たら、違う言葉を出していた」というようなこともあります。そのへんは難しいですね。

例えば、先般《せんぱん》も、「聖地《せいち》・四国正心館《しょうしんかん》での御生誕祭《ごせいたんさい》の夜の部に千人ぐらいの人が集まった。そのとき、百六十発の花火を打ち上げた」という話をしようと思ったのですが、話している間に、「百四十発だったか、百六十発だったか、どっちだったかな？」と一瞬《いっしゅん》、迷いました。そして、「百何十発」と言い換《か》えたのです。

ところが、自分としては、そう話したつもりでいたのに、あとで映像を観てみたら、「千何百発」と言っているんですよ。

大川直樹　そんなことがあったのですね。

大川隆法　「千人」に引っ張られたのかもしれませんね。自分の記憶《きおく》では「百何十発」と言っているつもりでいたのですが、実際には、「千何百発」と言ってしまっていました。そうした間違《まちが》いも起きます。

もちろん、間違いが一つもない場合もあるんですが、やはり、二時間ぐらいの話をすると、一つか二つかは言い間違いなどが出る場合もあるんですね。

ただ、あまり正確さにこだわりすぎて、「事前に原稿《げんこう》を書いて、それを全部、暗記して話をする」というのも、どうでしょうか。そうであっても頭が〝真っ白〟になってしまい、間違ったときに、まったく言葉が出ない人もいますからね。

大川直樹　そうですね。

大川隆法　それで、「この程度だったら、前後の内容から理解してくれるかな」という甘《あま》えもあって、許してもらうようにしてはいるんです。

しかし、講演の規模が大きくなればなるほど、失敗は許されなくなってきます。つまり、フォーマルになってくるんですよね。支部などでの法話であれば、ちょっと話が砕《くだ》けたり、飛んでしまったり、脱線《だっせん》したりしても、ある程度、許してもらえますが、大きな会場で行《おこな》ったり、中継《ちゅうけい》したりしているような場合は、ちょっとした言い間違いや、「口が滑った」などというようなことが、そう簡単に許されなくなってきます。やはり、難しいですね。

これに関しては、昔、『愛は風の如《ごと》く』（全四巻）を学研から出したころに（現在は幸福の科学出版より刊行）、私は学研の取締役《とりしまりやく》とも、当時、幸福の科学の総合本部があった紀尾井町《きおいちょう》ビルでお話ししたことがあるんですよ。そのとき、「新聞やテレビ、雑誌等のインタビューを受けるときには、必ずメモを用意して、そのメモを読んでください。宙で言うと、思わぬ失敗をすることがありますから、ちゃんと準備しておいてください」といったことを言われたのを覚えています。

ただ、私は、そう聞いてはいたものの、そのとおりにはしていません。やはり、このあたりは「勝負」なんですよ。「臨機応変に切り返せるかどうか」というのには、禅問答《ぜんもんどう》のようなところもあって、「一瞬の間《あいだ》に答えを出せるかどうかの戦い」ではあるんですね。

大川直樹　切り返しができるかどうかは、説得力を磨くという意味でも、重要ですね。

大川隆法　これは、「プロフェッショナルとしての戦い」なんです。そのための、日ごろの勉強や鍛錬《たんれん》、集中力、記憶力、言葉を出す訓練、出した言葉を活字にしたり、人に聴いてもらったりする訓練ですね。こうした「鍛錬の賜物《たまもの》」なんです。

ともかく、規模が大きくなって言葉が重くなるにつれて、間違いなどがだんだん許されなくはなってくるので、このへんの厳しさはありますね。

英語の原稿《げんこう》を用意して読み上げていたビリー・グラハム

大川隆法　それに、内容がすべて決まっていて外さないような話だと、今度は、だんだん面白《おもしろ》みがなくなります。完全に原稿《げんこう》を読み上げているというのでは、やはり、面白くはないですよね。

大川直樹　はい。

大川隆法　私は大きな講演会もやるので、過去に大きな講演会をやったような人について調べてみたこともあるんです。

例えば、アメリカのビリー・グラハムという人は、香港《ホンコン》あたりで競技場に五万人ぐらいを集めて、台風が近づいているなか講演会を行ったことがあります。そのとき、彼は、中国語ではなく英語で講演をしたのですが、原稿をちゃんと用意して、それを読んでいました。アメリカ人が英語で話すのに、英語の原稿を準備して、それを暗記するのではなく、めくって読みながら話をして、五万人に聴かせていたのです。それだったら、ある程度、楽なのではな

●ビリー・グラハム（1918〜）　アメリカの福音《ふくいん》伝道師。1939年、南部バプテスト連盟の牧師となり、1949年のロサンゼルスでの伝道集会における成功で注目を集めた。1950年に「ビリー・グラハム福音伝道協会」を設立し、マスメディアを利用した大規模な大衆伝道活動を展開。また、アメリカ国内だけでなく、世界各国で伝道集会を開いている。

いかという気持ちはありました。やはり、間違うといけないからでしょうけれどもね。

大川直樹　そうですね。

いつも真剣勝負《しんけんしょうぶ》で臨《のぞ》んでいる講演会

大川隆法　そういう意味で、やはり、講演会等は、「生《なま》」で行うと必ず失敗は出るものですが、それは真剣勝負《しんけんしょうぶ》と同じなのですね。

竹刀《しない》を持って行う剣道の試合なら、体に触れようがかすろうが、キチッとしたところに決まらないかぎり、一本にはなりません。しかし、真剣を使ったら、どこを斬《き》ってもダメージを受けますよね。

大川直樹　そうですね。竹刀と真剣では、勝負に臨《のぞ》む姿勢がまったく違ってくると思います。

大川隆法　試合であれば、「頭にきっちりと当たらなかったから、一本にならない」ということでも、真剣の場合は、顔の横に当たろうが、耳に当たろうが、首に当たろうが、どこに当たっても斬れますからね。

大川直樹　はい。

大川隆法　そのように、すごく厳しいものではありますが、いつも真剣勝負だと思っています。

ただ、怖いことは怖いのです。古くから幸福の科学にいる会員であれば、私が間違えても許してくれたり、“guess《ゲス》”（推測）をして、「総裁先生は、たぶん、こういうことをおっしゃりたかったんだろうな」というようなことを厚意《こうい》で考えてくれたりします。

しかし、もし、中立の立場にいる人や、あるいは批判派の人が潜《もぐ》り込んでいたりしたら、言葉の言い間違い一つでも、けっこう大きく取り上げられて、政治家を批判するのと同じような感じで言われるでしょう。

大川直樹　そうですね。

大川隆法　ここが厳しいところですよね。

大川直樹　厳しいですね。

5　自制心の鍛錬①　自制心を養う方法を知っているか？

幼少期の知的欲求不満

大川直樹　お話を伺《うかが》っていますと、やはり、総裁先生の場合は、「人々に教えを説いていく」という高尚《こうしょう》なお仕事を日々、真剣勝負《しんけんしょうぶ》で続けられていると思います。その日々自体が、自制心とつながっているように感じます。

そこで、「どうすれば自制心が身につくか」というところについて、失礼ながら、総裁先生のご経験をお伺いさせていただきます。最近、発刊されました（総裁の青少年時代を描《えが》いた）『マンガ　若き日のエル・カンターレ――平凡《へいぼん》からの出発――』（宗教法人幸福の科学刊）

『マンガ 若き日のエル・カンターレ』（原著：大川隆法／宗教法人幸福の科学刊）

の……。

大川隆法　アッハハハハハ（笑）。マンガですね。

大川直樹　大川隆法総裁の半自伝的内容が語られた経典《きょうてん》のマンガ化されたものが発刊されましたけれども、このなかに載《の》っているエピソードのなかで、私が特に印象に残っているものがあるのです。

書籍《しょせき》では、総裁先生は、幼稚園《ようちえん》生ぐらいのときは、けっこう腕白《わんぱく》な方だったと書かれているのですけれども……。

大川隆法　ああ、自制心ゼロですね。

『若き日のエル・カンターレ』（宗教法人幸福の科学刊）

国家繁栄の条件

「国防意識」と「経営マインド」の強化を

「吉田ドクトリン」の呪縛を粉砕せよ。

デフレ脱却をめざす時に、「消費増税」は真逆の判断！北が核・ミサイル実験をしても、「憲法九条死守」を唱える愚かさ——。危機の本質と打開策がここに。 1,500円

危機のリーダーシップ

いま問われる政治家の資質と信念

政治家よ、これ以上国民を欺いてはいけない。

嘘やゴマカシ、そしてマスコミも巻き込んだ印象操作…… 言葉で国民をだます者に、人の上に立つ資格はあるのか。この国に必要なのは、清潔で勇断できる新しい政治。 1,500円

自分の国は自分で守れ

「戦後政治」の終わり、「新しい政治」の幕開け

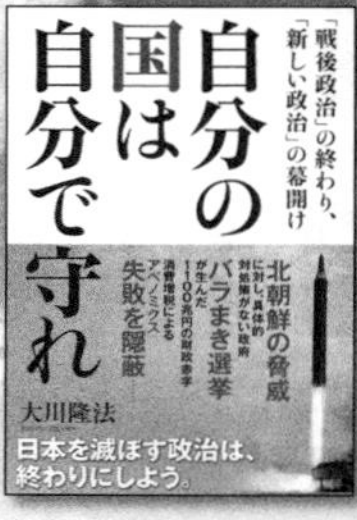

日本を滅ぼす政治は、もう終わりにしよう。

北朝鮮の核・ミサイル危機、1100兆円の財政赤字、アベノミクス失敗の隠蔽—— 嘘やごまかしにNO！政府は失政の反省を。打算的な解散が、さらなる国家の危機を招く。 1,500円

幸福の科学総裁
「大川隆法公式サイト」
公開中!
大川隆法　公式
検索
https://ryuho-okawa.org
大川隆法総裁の最新情報が
満載!
1 今後の講演会予定のご案内・Web予約
講演会予定の確認、参加申込方法のご案内につきましてはお電話でも承っております。
幸福の科学サービスセンター 03-5793-1727
2 法話・霊言・対談などのご案内
3 著作書籍のご案内

郵便はがき

料金受取人払郵便

赤坂局承認

8335

差出有効期間
2024年9月
30日まで
(切手不要)

1 0 7 - 8 7 9 0

112

東京都港区赤坂2丁目10−8
幸福の科学出版(株)
読者アンケート係 行

ご購読ありがとうございました。
お手数ですが、今回ご購読いただいた書籍名をご記入ください。

書籍名

フリガナ お名前	男・女	歳
ご住所 〒　　都道府県		
お電話(　　　)　—		
e-mail アドレス		
新刊案内等をお送りしてもよろしいですか? [はい(DM・メール)・いいえ]		

ご職業	①会社員 ②経営者・役員 ③自営業 ④公務員 ⑤教員・研究者 ⑥主婦 ⑦学生 ⑧パート・アルバイト ⑨定年退職 ⑩他(　　)

プレゼント＆読者アンケート

皆様のご感想をお待ちしております。本ハガキ、もしくは、右記の二次元コードよりお答えいただいた方に、抽選で幸福の科学出版の書籍・雑誌をプレゼント致します。

（発表は発送をもってかえさせていただきます。）

1 本書をどのようにお知りになりましたか？

2 本書をお読みになったご感想を、ご自由にお書きください。

3 今後読みたいテーマなどがありましたら、お書きください。

ご感想を匿名にて広告等に掲載させていただくことがございます。

ご記入いただきました個人情報については、同意なく他の目的で使用することはございません。


ご協力ありがとうございました！

大川直樹　（笑）ただ、小学校四年生ぐらいから、ご自宅の離《はな》れで夜遅《おそ》くまで勉強されていたということでした。

私の小学生時代を振《ふ》り返ってみても、やはり、親に「勉強しなさい」と言われてから勉強をする子供が多かったように感じます。

総裁先生は、小学生ぐらいの幼《おさな》いころから、遊びを我慢《がまん》して、自《みず》ら勉強しようと思う「克己心《こっきしん》」、あるいは「自制心」を身につけられていたようにお見受けします。

この点につきまして、幼稚園生から小学生へと成長されていくなかで、総裁先生のマインド面に何か変化があったと考えてよろしいのでしょうか。

大川隆法　幼稚園ごろまでは両親共に働いていたし、母がすごく忙《いそが》しかった時期でもあったので、おそらく、愛情不足だったんだろうと思うのです（笑）。

大川直樹　愛情不足ですか。

大川隆法　ずばり、愛情不足による第一次反抗期《はんこうき》でしょう。「あえて親を困らせて愛情を引く」という、極《きわ》めてプリミティブ（幼稚）なことで申し訳ないのですが、そういう状況《じょうきょう》だったのだろうと思います。

また、その当時、兄のほうは、わりに早いうちから祖母が勉強を教えてくれていたこともあり、いろいろなことを覚えていました。しかし、四歳《さい》下の私が生まれると、祖母は、「二人目まで教えるのは嫌《いや》だ」ということで、東京の伯父《おじ》のところに行ってしまったのです。

大川直樹　（笑）

大川隆法　そういうこともあり、私のときには相手をしてくれる人がいなかったので、同時に知的欲求不満も溜《た》まっていったのでしょう。

兄のときには、絵本を読んでもらったり、いろいろしてもらったりして勉強していたのに、私のときには、絵本類はすでに捨てられていましたし、段ボール一箱分のおもちゃ箱のみがある状態で、これで遊ぶ以外は何もありませんでした。

これは、どう見ても、知能的には負けるというか、劣《おと》るような感じがあり、何か知的欲求はあったのだと思います。

大川直樹　そのような知的欲求があったのですね。

知識が増えると「考え」と「想像」の領域が広がる

大川隆法　今の東京の人が聞いたら、「勉強について親から何も突《つ》っ込《こ》まれなかったのか」と、うらやましく思うでしょうけれども、私自身は欲求不満のようなものがずっとくすぶっていました。

それが、小学校に上がるころから、勉強が始まったことと、文字が読めるようになって自分でもプラスアルファのことをできるようになったことで、多少は解放されてきたわけです。

また、現時点では、マンガなどはあまり推奨《すいしょう》したくはありませんが、小学校に上がって最初のうちは、教科書のレベルも低いので、当時の田舎《いなか》の少年にとっては、全国誌のマンガのようなものは、意外にも情報の宝庫でした。マンガ自体にも、歴史ものや学園もの、スポ根《こん》ものなど、本を読む前の段階の勉強になるものもあれば、グラビアの部分には、カラー写真付きでいろいろな情報が載っていたのです。

例えば、八月が近づけば、太平洋戦争についていろいろと書かれていたり、戦《せん》艦《かん》・大和《やまと》や空母・加賀《かが》、飛龍《ひりゅう》などの一コマ写真が載ったりしていて、こんなものでも、けっこう情報になるんです。

そこで知ったことを学校で話すと、友達は知らなかったり、担任の先生もそのマンガを読んでいないので知らないこともあったりして、ちょっと驚《おどろ》かせるようなこともありました。

あるいは、そのマンガからイマジネーションして、自分で、想像の世界、想像の物語を組み立てたりするようなこともありましたね。「自分だったら、どんな物語を考えつくかな」と想像したりしていたのです。

例えば、「自分が『サイボーグ009《ゼロゼロナイン》』だったら、どうするだろうか」とかですね。

大川直樹　（笑）

大川隆法　それが、次の段階になると、少年少女向けの本で、冒険《ぼうけん》ものなどがよく出ているじゃないですか。

大川直樹　はい。

大川隆法　小学校用にリライトされたものに、『トム・ソーヤーの冒険』や『ハックルベリー・フィンの冒険』など、いろいろあるので、こういったものを読んでは、コタツのなかに入り込んで、妄想《もうそう》のようなことをしていました。

大川直樹　（笑）

大川隆法　「自分一人が離れ小島に流されたとしたら、どんなふうにするだろうか。小屋をつくって、食糧《しょくりょう》はどんなふうに貯蔵して、どんなふうにして身を護《まも》ったりするだろうか」といったことを、自分なりに空想して楽しむような癖《くせ》があったのです。

そうしているうちに、だんだんと内面生活のほうが広くなっていった面はありますね。

大川直樹　そうですか。そのような想像力を培《つちか》うことによって、ご自身の内的空間を広げられたのですね。

大川隆法　ですから、「勉強しなさい」と言われることを嫌がる人も多いと思うのですが、やはり、「真理は汝《なんじ》を自由にする」という言葉どおり、知識が増えてくると、自分の考える領域や想像できる領域などが、どんどん広がっていくのですね。

大川直樹　そうですね。

大川隆法　そのため、私にとっては、それで詰《つ》め込まれて窮屈《きゅうくつ》になるとか、自分が縛《しば》られるというよりは、「自分の考え方を解き放つ」という感じでしょうか。いろいろな方面に解き放つような効果があった気がします。

物事の値打ちを自分で判断するマインド

大川直樹　やはり、そうしたことがさらなる知的欲求となり、さらなる勉強の励《はげ》みになって……。

大川隆法　でも、逆に、もし東京のいいところに生まれて、幼稚園や小学校のお受験、あるいは、小学校一、二年生から塾《じゅく》通いをして中学受験などをしていたら、勉強が嫌《きら》いになっていたかもしれません。

大川直樹　（笑）

大川隆法　〝実験〟をしていないので、分かりはしないのですけれどもね。ただ、どちらかというと、少し〝ヘソが曲がっていた〟ような気はします。みんながあまりにも「いい、いい」と言って行きたがると、反骨精神が出てきて、「自分は違《ちが》う道を行きたい」というような気持ちが繰《く》り返し出てくるんですよ。昔から、反骨精神が繰り返し出てくるのです。土佐《とさ》ではこれを「いごっそう」と言うんですけれどもね。

大川直樹　「いごっそう」ですか。

大川隆法　土佐高知の人間性として、「反骨精神があり、周りに逆《さか》らってでも自分の自我を通す」というようなものがあるのです。私は阿波《あわ》徳島の人間でありながら、ややそういう面があります。

みんなが、あまりにもしたがったり、「それがいい」と言ったりすることがあると、若干《じゃっかん》、天邪鬼《あまのじゃく》なのかヘソ曲がりなのかは分かりませんが、「自分は自分の道を行く」というようなことをしたがるわけです。「群れない」というのでしょうか。

群れることを潔《いさぎよ》しとしないようなところがあり、バーゲンのようにみんながウワッと飛びつくものには関心がなくて、「自分は自分の道を行く」といったところが好きなのです。

ですから、「値打ちのあるものは自分で判断する」「人に言われなくても自分で考えて、人が『いい』と言っても、自分が値打ちを感じないものに対しては微動《びどう》だにしない」というようなところは、わりに小さいうちからあったのかなという気はしますね。

小学校三年生あたりから出てくる「頭のよし悪《あ》し」の差

大川直樹　それは、天性のものなのでしょうか。それとも、親の影響《えいきょう》や家庭環境《かんきょう》等によるものなのでしょうか。

やはり、親御《おやご》さんなどには、「自分の子供に自制心を身につけさせたい」と思っていらっしゃる方が多いと思うのです。

その一方では、いわゆる「モンテッソーリ教育」などのように、本人のやりたいことを自主的にやらせることを重んじる教育もあります。それによって、自分で物事を進めていく力が身につく面はあるのでしょうが、自分のやりたいことだけをやるというところが行きすぎると、社会性が身につかなかったりする恐《おそ》れもあり、この両面のバランスがあると思うのです。

大川隆法　うーん。

大川直樹　また、この社会性を身につけるためにも、実は、自制心が必要だと思うのですが、総裁先生は、どのようにして、子供のうちから自制心を身につけていかれたのでしょうか。

大川隆法　どうなんでしょうね。将棋《しょうぎ》の藤井聡太《ふじいそうた》四段のような人は、おそらく、子供のころから将棋ばかりしていたのだろうから、ほかの衝動《しょうどう》を抑《おさ》えて将棋に熱中していたのでしょうけれども。

大川直樹　そうですね。

大川隆法　私が小学校に上がるころにも、兄と父が、将棋の定跡《じょうせき》というのでしょうか、「棒銀《ぼうぎん》」だとか「中飛車《なかびしゃ》」だとか「振り飛車」だとか、いろいろな将棋の戦い方のパターンがたくさん書いてある本を何冊か買って、勉強しながら将棋をしているのを、私も見ていました。

ちなみに、私自身も、そういう本を多少読んだり、実際に将棋をしたりしたこともあるのですが、小学校三年ぐらいから、学校の勉強のほうが少しずつ面白《おもしろ》くなってきたようなところもあり、一定以上は深入りせずにいたのです。

兄は、小学校高学年まで、詰《つめ》将棋をしたり、将棋の手を覚えたりしていたような気がしますが、私のほうは小学校低学年までで、高学年になってからは、それほどしなくなりました。

低学年のころには、近所に将棋が好きな子がいて、遊びに行っていました。徳島本線が走っているところのガード下をくぐった向こう側の農家の子で、一学年上だったような気がするのですが、学校が終わったあと、その子のところへ行って将棋を指していたこともあったと思います。おそらく、小学校一、二年生ぐらいまでは、その子と将棋を指していたような気がするんですね。

ただ、小学校三年生のころから、算数で足し算、引き算、掛《か》け算に加えて割り算が始まったり、そろばんもちょっと教わったりするようになります。この割り算を勉強する時期から、多少、頭のよし悪《あ》しの差が出てくるんですよね。

大川直樹　そうですね。

大川隆法　足し算や引き算、掛け算を学ぶころまででは、まだちょっと分からないのですが、割り算が入ってくるあたりで間違える人が出てき始めて、賢《かしこ》そうに見えていた子がポロポロと点数を落とし始めます。つまり、割り算が出てきたあたりで、点数を落とさないかどうか、百点を取るかどうかというところで、徐々《じょじょ》に頭のよし悪しに差が出てき始めるわけです。

大川直樹　はい。

大川隆法　そこから上の学年になると、今の中学受験をする人が教わる特殊算《とくしゅざん》の類《たぐい》を、たくさんは習わないものの、ちょっとした応用問題として、鶴亀算《つるかめざん》とか、そういうものに似たような問題が幾《いく》つか出るようになります。ああいうものを多少なりとも勉強すると、面白みも出てきますよね。

教わっていない計算式を自《みず》ら導き出した経験

大川隆法　また、まだ学校では習っていない段階で、円の面積の計算式を自分で考えついたこともありました。その基本的な考え方が、あとで教わることとだいたい同じだったので、先生を驚かせたのを覚えています。

結局、円といっても、細《こま》かく扇形《おうぎがた》に分けていけば、限りなく三角形に近づくはずだから、三角形の面積の出し方を使って円の面積も出せるのではないかということを、自分で思いついたわけです。

大川直樹　すごい（笑）、ご自身で……。

大川隆法　「こういうふうにして計算すれば、円の面積が出せるのではないでしょうか」と、自分で組み立ててみたその計算式を、授業中に言ったところ、先生が、「おまえ、なんでそれを知っているんだ」とびっくりしていたので、要するに、当たっていたわけですね。

大川直樹　（笑）さすがですね……。でも、確かに、そういう説明になりますよね。

大川隆法　結局、そういうことなんですよ。当たっていたわけです。円周を限りなく直線に見立てて、三角形の面積の出し方を使えば、円の面積が出せるということを、まだ教わっていないうちに、自分で発見したのです。そうしたら、先生が、「おまえ、なんでそんなことを思いつくんだ?」と言ってくれたので、爽快感《そうかいかん》がありましたね。

大川直樹　普通《ふつう》は、原理はよく分からないままに式を覚える人がほとんどだと思いますけれども、その原理をご自身で……。

大川隆法　そうそう。自分で円の面積の出し方を考えていたというのも、不思議と言えば不思議ですね。

6 自制心の応用

自制心は、恋愛《れんあい》にも効くのか？

日本とアメリカに見る恋愛問題の違《ちが》い

大川直樹　小学校や中学校のときのお話を頂きましたけれども、次に、青春時代によく自制心と絡《から》んでくるキーワードとしては、やはり、「恋愛《れんあい》問題」なども……。

大川隆法　ああ、恋愛ね。

大川直樹　私は得意ではないんですけれども（笑）。

大川隆法　〝応用問題〟ですね。

大川直樹　ちょっとお訊《き》きしておきたいなと思いまして……。

大川隆法　もしかしたら、得意なんじゃないですか。

大川直樹　いえいえ（苦笑）。

大川隆法　私なんかは、もう苦手《にがて》なほうで、失敗ばかりしていたかもしれません。

大川直樹　やはり、恋愛や異性の問題になると、自制心が効かないといいますか、感情的になってしまうところがあります。

そもそも、「感情的になることは悪いことなのか」という問題もあるのかなとは思いますが、人生の学びにおいて、「自制心と恋愛」の問題というか、そのかかわりについてお訊きできればと思います。

大川隆法　まあ、ある意味での「魂《たましい》の試《ため》し」もあるのでしょうけどね。

大川直樹　「魂の試し」ですか。

大川隆法　遅《おそ》かれ早かれの問題であることは事実なのですが、純愛ができる時代と、そうでない時代があると思います。

本当に好きで好きで、恋愛して結びつく男女というのは、純粋《じゅんすい》な恋愛系の物語や映画にもなるものでしょう。ある人のことが好きで、グーッと追い求めていくような人もいる一方で、そうではなくて、早いうちから遊びとして考えているような人もいます。

私の学生時代は、まだ、中学や高校はかなり厳しい感じでしたが、アメリカあたりでは、中学生や高校生でも、すでに車に乗ってみたり、お互《たが》いの自宅を行ったり来たりして、異性との交流も盛《さか》んでした。

ただ、ああいうのはちょっと分からなかったですね。

大川直樹　はい。

大川隆法　その時々の〝練習〟として許されているのでしょうけれども、相手をつくって付き合うわけです。ただ、そのなかでも、ステディ（恋人《こいびと》）かそうでないかで差はあるのかもしれません。

それで、高校生ぐらいになってくると、親のほうもうっとうしくなってきて、「高校を卒業するころには家を出てくれ」という感じになることも多いようです。

大川直樹　（笑）

大川隆法　毎日、家に彼女を連れ込《こ》まれて、上の部屋でうるさくされたらたまらないので、十八歳《さい》になったら家から追い出さないといけない感じになっています。当時の日本はそういう感じではなかったと思うのですが、もしかすると、都会は少し違《ちが》ったのかもしれませんね。田舎《いなか》の家などは建て付けが悪く、音も丸聞こえなので分かってしまいますし、ガールフレンドなんかを家に連れてきたりでもすれば、近所から電話がたくさんかかってくるんですよ（笑）。

大川直樹　近所から電話が……（笑）。

大川隆法　これをされるのが大変で……。

大川直樹　それは、大変だと思います（笑）。

大川隆法　私も、高校のときに一回だけ家に連れてきたことがあって、最寄《もよ》りの阿《あ》波川島《わかわしま》駅からわが家《や》までの距離《きょり》は、百メートルから二百メートルぐらいしかないと思うのですが、その間に目撃《もくげき》した人が次々に電話をかけてきましたね。

大川直樹　（笑）

大川隆法　ですから、家に着いたころには、もう、「おたくの子が女の子と歩いとったよ」という電話が入っていたわけです。

田舎の人というのは、だいたいお節介《せっかい》なので、まあ、たまらないなあと思うことがあります。

さらに、家の建て付けは悪いし、あまりにも環境《かんきょう》不全で、もう、田舎だと厳しいですよね（笑）。

「自分を高める恋愛《れんあい》」か、「堕落《だらく》させる恋愛」か

大川隆法　ただ、「どういうものに惹《ひ》かれるか」にもよるとは思います。

私自身は、どちらかというと、自分を高めるようなものに惹かれる傾向《けいこう》があったので、恋愛《れんあい》などでも、自分を高めるような恋愛ならいいけれども、自分を引き下げていくというか、堕落《だらく》させていくかたちの恋愛は、本能的に拒絶《きょぜつ》するような感じはありました。

しかし、年齢《ねんれい》的に見て、どこまでそういった考えがもつかというのは、それぞれの人の「胆力《たんりょく》」や「育ちの違い」もあるのだと思います。

大川直樹　はい。

大川隆法　いわゆる純粋な恋愛のままで、ゴールインしてしまう人もいるでしょう。ただ、もうちょっと遊びの気持ちがあったり、あるいは、単に動物的なものだけで行ったりした場合は、自分なりに持っていた戒律《かいりつ》のようなものが、どこかで破れてしまうところがあります。すると、そのあとは、「自分を高めよう」という気持ちもだんだん弱くなる面はあるかもしれません。

大川直樹　いったん崩《くず》れてしまうと、戻《もど》りにくくなってしまうのですね。

大川隆法　たとえて言えば、雨の日に革靴《かわぐつ》で歩いているときに、水たまりのなかに入らないように気をつけていても、いったん水たまりにザバッと入ると、あとは平気になってしまうところがありますよね。しかたがないので、もう、どこでもジャボジャボ歩いてしまう感じでしょうか。

ただ、あまりこれを言うと酷《こく》なので、そんなには言えないのですけれども。

目標が高いほど、しっかりした基礎《きそ》工事が必要

大川隆法　いずれにしても、「どの程度、そういう気持ちでもって自分のやるべきことをやりつつ、『社会的責任』や『自己責任』、『家族への責任』、『相手への責任』等を感じながら若いころを過ごしていくか」といったところは、ビルを建てるときの、いわゆる「基礎《きそ》工事がきちんとしているかどうか」ということと似たような感じに見えるんですよね。

高層ビルを建てようと思うならば、やはり、基礎工事のところはそうとうしっかりしていなければいけません。一階、二階を建てたあとに、ふと、「三階を建ててみようか」などという感じで思いつきでやっていけば、どこかで壊《こわ》れるかもしれません。

ですから、自分の目標が高いのであれば、「そこに到達《とうたつ》するまでの基礎工事のところをきちんとしておきたい」という気持ちはあってしかるべきでしょう。

そういう意味で、やはり、限られた時間のなかで、理想実現のために自分の時間を使えるところは使って、見切るものは見切って、集中するものには集中することが大事であると思います。

まあ、このあたりのところは、そう立派なものがあるわけではありませんが、一般《いっぱん》的な受験生等にとってもそのとおりである面があるのではないでしょうか。これがすべてではないのですが、一定の年齢までは、時間効率や、「思いをどこに向けるか」というようなことは大きいですね。

気をつけないと、恋愛《れんあい》で「時間の無駄《むだ》」が出てくることもある

大川隆法　特に、受験の時期は、学校の先生から「恋愛《れんあい》をするな」と言われることも多いでしょうが、恋愛をすると急に成績が下がり始めるというのは、まあ、よくある話なんですよ。

大川直樹　そうですね。

大川隆法　これは、男性もそうですが、女性は特にそうかもしれません。「高校に入学したばかりの一年生のときには成績のよかった生徒が、二年生になったらテストの順位が百番台になり、三年生になったら二百番台になり……」という感じで、どんどん下がっていく場合もあるようです。恋愛および失恋がきっかけとなって、そのようになることもあります。どちらも行きすぎると問題はあるのでしょうけれども、まあ、ここは厳しいものがありますね。

大川直樹　はい。それが励《はげ》みになって成績が上がる人もいるとは思うんですけれども、やはり、恋愛や失恋がきっかけで成績が落ちていく人も……。

大川隆法　頭のいい子は早熟で、大人になるのが早いこともあるのでね。

大川直樹　そうですね。

大川隆法　それが励みになればいいんだけど、気をつけないと、時間の無駄《むだ》も出てくるでしょう。

例えば、勉強している間に彼女のことを考えていて、数学の問題を二時間かけて解いたつもりが、「実は、ほとんど妄想《もうそう》していただけだった」ということもありえるので。

大川直樹　（笑）

大川隆法　勉強時間だけで測れないようなことはありますよね。

そういうことも含《ふく》めて、「自分の将来を見据《みす》えて損得勘定《かんじょう》ができているかどうか」

というのは、やはり、個人個人の責任に返ってくるのかもしれません。

それと、もう一つは、自分に関係のない「家族の問題」や「社会環境の問題」等が起きることもあると思うんですよ。

例えば、景気が悪くて父親の会社が潰《つぶ》れるとか、家族の誰《だれ》かが病気をしたり、亡《な》くなったりするとか、そんなこともあります。

いずれにしても、いやあ、厳しいものですね。

大川直樹　そうですね。

7 自制心の鍛錬❷

仕事のなかで自制心を鍛《きた》えているか？

父の姿から学んだ「環境《かんきょう》のせいにしない」という気持ち

大川直樹　今のお話を伺《うかが》っていて、恋愛《れんあい》だけではなく、生活面のすべてにおいて自制心が大事であると感じました。どこに目標を置いて、どのようにやっていきたいのかという、自分の志《こころざし》との兼《か》ね合いの部分で、捨てていくところや集中していくところを決める一つの鍵《かぎ》が、この自制心にあるのではないかと考えさせていただきました。

次に、社会人として仕事を進めていく上で、自制心がどのように必要になってくるかについて、お話を進めさせていただきたいと思います。

私は、よりよい仕事をする上で、自制心は必要だと思います。学生時代は、勉強やスポーツならイメージしやすいのですが、仕事となりますと、このあたりの関係性が見えにくいようにも思います。そこで、仕事で自制心を鍛《きた》えるにはどうしていけばよいのでしょうか。

大川隆法　それは、各人の持ち味と能力にもよるし、会社であれば、使ってくれる上司がいるので、その人たちがどのように育てようとするかというところもあるだろうと思います。

昔から私は、基本的に、「なるべく環境《かんきょう》のせいにしないようにしよう」という気持ちを持っていました。これは、幸福の科学の思想にもよく出ているところですね。

例えば、少し恥《は》ずかしい話になりますが、こんなエピソードがあります。

私の父は、家が狭《せま》く、部屋がまだ十分になかったころ、土曜日や日曜日などに、正坐《せいざ》して向かうような小さな机を置いて、時間を惜《お》しんで小説を書いたりしていました。私はそれを見ていて、子供心に、「ああ、大したものだなあ」と感じていたのです。父が、「小説で一発当てて出世してみせる」と思っていたかは分かりませんが、休みの日に小説を書いているのを見て、「頑張《がんば》っているんだなあ」と思って尊敬するような気持ちもあったわけです。

ところが、私が中学三年生のときに家を建て直して、父は書斎《しょさい》を持ったのですが、書斎ができると急に書けなくなってしまいました。部屋が雑然《ざつぜん》としていて、人が行き来したり邪魔《じゃま》だったりと、なかなかできないようなところでは書けていたのに、意外に、自分の書斎ができたら急に書けなくなってしまったのです。

そのように、部屋に籠《こ》もったら書けなくなってしまった父を見て、「環境が整えばできるというものでもないのだな」と思いました。やはり、ある程度、ハングリーな状態というか、足りないなかですることで、やる気が出るところもあるんだなと思ったのです。

規則正しい生活パターンと家庭環境《かんきょう》

大川隆法　社会に出ても、即戦力《そくせんりょく》で使えるような人材ではない人も多いかと思うのですが、体力的には徹夜《てつや》ができるような人はたくさんいるわけです。

例えば、私は商社に勤めていましたが、営業部門には徹夜が平気という人は大勢いて、これには敵《かな》いませんでしたね。すごく体力があるのです。徹夜麻雀《マージャン》をして、そのまま会社に出勤している人や、毎晩、お酒を飲んで家に帰らないような人もいたのです。

さらに、ひどい人になると、九日間も家に帰っていないのに会社には来ているという人もいました。「いったいどうしているんですか」と訊《き》くと、「女郎屋《じょろうや》」と言ったら、ちょっと古くなりますが、女性が遊ばせてくれるようなところに居ついて、そこから出勤しているとのことでした。そんな豪傑《ごうけつ》もいたりしたのです。

大川直樹　（笑）

大川隆法　そういうものは、私にはとてもではありませんが、さすがに耐《た》えられません。私は、イレギュラーなことがあると翌日に影響《えいきょう》が出るほうなんですね。睡眠《すいみん》時間も確保しないと能率が変わるタイプだったので、できるだけパターン化した動き方をしようとしていたのです。しかし、それは、周りからは〝不自由に〟見えていたかもしれません。

要するに、ほかの人であれば、遊びたいときにワーッと遊んだりして、やりたいことをするのが普通《ふつう》なのに、私はだいたい同じようなパターンをつくっていこうとしていたので、「あいつはすごく不自由なやつだなあ」と思われていたのではないでしょうか。

ただ、これはおそらく、環境《かんきょう》要因もあると思うんですね。

私が物心ついたころには、父親は県庁に勤めていたので、毎日、だいたい夕方六時過ぎには帰ってきていました。そのようなこともあって、私も似たような生活パターンが身についたのだと思います。

おかげで娘《むすめ》の咲也加《さやか》もその影響を受けて、門限《もんげん》が六時ということになっていました。中学・高校に通っていたときは部活もあったのですが、「咲也加さん、早く帰らないと六時に間に合わないよ！　お父さんに怒《おこ》られるよ。もう早く帰って！」と周りから言われて、門限を守るために早めに帰ってきていたんです。

大川直樹　（笑）

大川隆法　中学生や高校生であれば、友達とお茶ぐらい飲んで帰りたい年頃《としごろ》ではあるのに、お茶を飲んでいたら六時に間に合わないということで、まっすぐ家に帰ってきていました。

そういう意味では、間接的に迷惑《めいわく》をかけたのですが、自分もそうだったもので、いまだにそのような調子でやっています。

規則正しい生活だと勉強の時間を管理できる

大川隆法　確かに、規則正しく生活していると、生活のなかから「こういうものに時間が使える」ということを、ある程度当て込《こ》めるので、それが大事ですね。

社会人になってから生活があまり乱れると、「毎月の勉強をできるかどうか」など、特に時間の管理という点でコントロールができなくなるので、それができるのは大きいと思います。

もちろん、私はほかの人のやり方をすべて知っているわけではありませんが、商社に入社して最初のころ、こんなことがありました。

当時の私は、それまで習ったことのないような「貿易英語」の授業が夕方からあって、研修等を受けたりしていました。また、それ以外の「貿易実務」についての勉強などもあったので、仕事が終わると独身寮《りょう》に帰って勉強していたのです。

ただ、ほかの人は、お酒を飲んでいたのか残業をしていたのか分かりませんが、誰《だれ》も帰ってきていなかったんですよ。それにもかかわらず、彼らは試験があると解けるので、これが不思議で不思議でしかたがありませんでした。いったいどこで勉強しているのかが、とうとう分からなかったですね。もう、寝《ね》ていないとしか考えようがない感じでした。

大川直樹　徹夜をして、最後に帳尻《ちょうじり》を合わせていたのかもしれませんね。

大川隆法　そうでしょうね。酒の付き合いがあるなら、勉強はそのあとにするしかないでしょうからね。ただ、私は、どうもそういうのは苦手《にがて》だったわけです。

大川直樹　ただ、その「差」というのがけっこう大きいのではないかと、私は思っています。総裁先生の場合、生活習慣をきちんと整えていることが「凡事徹底《ぼんじてってい》」につながっていらっしゃると思うのです。その努力論には、さわやかさや清々《すがすが》しさのようなものがある気がします。

一方、徹夜をして、最後に何とか帳尻を合わせていく方法も、努力していることに変わりはないように見えますが、何十年も高度な仕事をしていく上では、そのような付け焼き刃のやり方では、努力が続けられなくなってくるところがあるのではないでしょうか。

やはり、目指すべきは総裁先生のような努力論だと思います。総裁先生のような、結果としての努力量はものすごいものであっても、無理がないように感じるさわやかさ、あるいはサラ

「凡事徹底」シリーズ

『凡事徹底と人生問題の克服』（幸福の科学出版刊）

『凡事徹底と成功への道』（幸福の科学出版刊）

『凡事徹底と静寂の時間』（幸福の科学出版刊）

サラと流れていく部分は、凡事徹底の教えともつながっている気がします。年を重ねるごとに成長していける自分づくりのためには、この点も大切なことの一つなのかなと思います。

「本業では手を抜《ぬ》かない」を徹底《てってい》する

大川隆法　もちろん、会社に勤めているときにも、プロである以上は業務知識への理解で他人《ひと》に劣《おと》るようなことがあってはいけないので、仕事をするだけでなく、その勉強等もしなければいけませんでした。

ただ、それ以外の時間を何とか捻出《ねんしゅつ》して、宗教家になる基礎《きそ》の部分を自分で勉強していたことは事実です。その時間をキープしてつくり出していたことが、ほかの人から、「あいつはいったい何なんだ？　付き合いが悪いなあ」などと陰口《かげぐち》を言われることにもなっていたのかもしれません。

したがって、その反面として、「本業で手を抜《ぬ》かない」ということは徹底《てってい》していました。「本業のほうで、『できない』とは言わせない」というところだけは、意地のように頑張っていたわけです。

会社を辞《や》めたのは三十歳《さい》のときで、ちょうど今のあなた（大川直樹）の年齢《ねんれい》ぐらいだったのですが、そのころには、「他人の十倍働いて、その陰で勉強して霊言集《れいげんしゅう》まで出していたとは、驚《おどろ》いた」というような感じの言い方をずいぶんされました。「『よっぽど早く社長になりたいんだろうな』とみんな思っていたのに、まさか宗教家になるための勉強や準備をしていたなんて、会社のなかで見るかぎりまったく分からなかった」というようなところはあったようです。まあ、これは自分のプライドの部分でもあったのですが。

学校と仕事を両立させたニューヨーク勤務での「ちはやふる」体験

大川隆法　特に、アメリカにいたときには圧力が倍ぐらいかかりました。英語で行う仕事というのもけっこうきつかったのですが、それ以外にも厳しいところがあったのです。

まあ、会社がケチだったと言えばケチだったのですが。単なる留学であれば、ほかの商社等にもそういう制度はあります。「二年間、勉強だけして帰ってこい」というようなところはあるのですが、留学だけさせると、だいたいみな会社を辞めるんですよ。

大川直樹　（笑）

大川隆法　ＭＢＡ（経営学修士）を取ったら会社を辞めて、外資系企業《きぎょう》に勤めたり、独立したりするので、留学費用が無駄《むだ》になる場合がほとんどなのです。

一方、私が勤めていた会社は少しケチなところがありました。「仕事は仕事でしっかりとやりながら、その合間《あいま》を縫《ぬ》って、大学に通うなり語学学校に通うなりして勉強しろ」という感じだったのです。

当時の社長自身が若いころにそういう経験をしたらしく、「アメリカに行ったときに、学校に通いながら仕事もしていた。二倍以上の能力がないとできないのでとてもきつかったけれども、後々《あとあと》すごく役に立った」ということで、そんなことを始めたようでした。

ただ、これは実際に二倍以上の能力が要《い》るんですよ。ほかの人よりも速く仕事ができなければ駄目なのです。

大川直樹　それは、さぞかし大変なご経験をされたこととお察しいたします。

大川隆法　要するに、「判断を速くして、結論を出すまでを早くする」ことで、速《すみ》やかに書類仕事を片付けて、溜《た》まっていかないようにしなければなりません。即断即決型の仕事をして、「その日の仕事はその日のうちに終えてしまう」というスタイルにしなければいけないわけです。

そうしないかぎりは、英会話学校や大学院に通う時間はつくれません。中抜けの間にも電話はたくさんかかってくるし、書類も来るので、会社に帰ってくると、机の上にいろいろなものが溜まっています。しかも、それを片付けようとすると、先輩《せんぱい》たちが、「飲みに行こうか」と言ってくるのです。まあ、ある種の〝いじめ〟ですけどね。

大川直樹　（苦笑）

大川隆法　こちらは大学院から帰ってきたばかりで、書類が溜まっていることはみな知っているのです。机の上は「Please《プリーズ》 call《コール》 back《バック》.（折り返しお電話ください）」と書かれた付箋《ふせん》だらけで、すべて電話をしなければいけないのに、先輩たちからは、「おまえは仕事が遅《おそ》いなあ。もう飲みに行くぞ」という感じで言われたのはきつかったですね。会社にいなかった間に積まれた仕事なので、片付けられるわけがないのですが、「仕事が遅い」と言われるので、「なにくそ」と思いながらやっていました。

ただ、いちばんつらかった時期ではありますが、あとから振《ふ》り返ると、確かに、能力は上がったと思います。

それが、先ほど述べた「ちはやふる」に近い心境だったのかもしれません。「高速回転しながら心静かであること」というのは、とても大変なことなんだなと思いました。

ニューヨークの激務時代に実践《じっせん》していた「仕事のさばき方」

大川隆法　ニューヨークへ海外勤務に行く前には、日本で語学学校に三カ月ぐらい通うのが普通でした。ほかの人は、週三回程度、午後に会社を抜けて、神田《かんだ》のアテネ・フランセあたりに通って英会話を学んでいたと思います。また、当時は電動タイプライターで英文を打たなければなりませんでしたが、タイプを打ったことのある人はほとんどいなかったので、それも練習してから赴任《ふにん》していたのです。

ところが、私はニューヨークへ行く一年前に、上司に向かって「英会話の学校など必要ない」と豪語したため、どちらも練習しないまま現地へ送られることになりました。そして、向こうに行って最初に、ベルリッツの会話学校でマン・ツー・マンの英会話授業を百時間ほど受けたのです。

ところが、その後、この卒業証書を持ってニューヨークの財経部長に報告したら、「卒業できたのは君が初めてだ」と言われたので、こちらのほうが飛び上がるほど驚きました。

私が、「普通、通ったら卒業するまで行くのではないですか」と言うと、「仕事が忙《いそが》しいから、みんな〝沈没《ちんぼつ》〟して行けなくなる」と言われたのです。要するに、過去の先輩たちは、仕事が忙しくなってくると、三十時間ぐらいで全員ドロップ・アウトしていたようでした。それで、「ああ、そういう考え方もあるのか。途中《とちゅう》でやめてもいいのか」と驚いたことはあります。

ともかく、そのあたりでギューッと詰《つ》められたことによって、能力がアップしたことは事実でしょうね。

実際上、ほかの商社では、留学させるときには、勉強だけの目的で行かせることが多かったのです。ただ、人数は少なかったです。費用がかかっても、儲《もう》けにならずに損をするからでしょう。

私の勤めていた商社は〝圧力のかけ方〟がすごかったのですが、「できるだけ早く戦力に変えたい」という考え方もあったのだろうと思います。おかげさまで、手が早くなり、仕事のさばき方がすごく速くなりました。

会社は九時過ぎに始まるのですが、私は八時ぐらいに出勤し、届いているテレックスの紙を切って各部署に渡《わた》します。そのあと、一日の仕事の計画を立て、その日にやらなくてはいけない仕事を、「一、二、三、四、五、六、七、八、九、十、十一、十二、十三、十四、十五」というように、十五ぐらいバーッと付箋に書き出していきます。それを電気スタンドのところに貼《は》っていき、終わった仕事から順番に消していきます。

こういうかたちで仕事をやっていました。

そして、一日の最後に、翌日やるべきことを付箋に書いて貼り出しておき、家に帰って次の日に会社へ来るまでの間に、その仕事について考えたりするわけです。

そのへんの訓練は、多少、必要だったのでしょう。

8 自制心の発展❶ 組織の上に立つリーダーの自制心とは？

実社会に出たら、「何をどこまで勉強するか」を自分で決めよ

大川直樹　仕事を進めていく上では、「時間を生み出していくためには、どのように仕事をすればよいか」ということも大事だと思います。

例えば、期限や目標を決めて仕事を進めていかないと、先延ばしになり、いつまでたっても仕事が終わらないようになってしまうことがあります。

仕事能力を高めていく上でも、仕事のスピードを上げていく上でも、やはり、「自《みず》らに課題を課す」というか、そういった力が必要だと思います。

そして、「組織のリーダーというか、いろいろな人を教えていく立場になればなるほど、自らに高いハードルを設定していかなくてはならないのではないか」とい

う気がするのです。

大川隆法　学生時代には、宿題が出て、「いつまでに宿題をやらなくてはいけない」と決まっているとか、学年末テストがあり、それについて、「これこれの試験の対策をしなくてはいけない」とかいうことがあるので、そのためのスケジュールを立てて勉強していくわけです。

これは〝ありがたい話〟であり、学校時代はやはり、「楽と言えば楽」なのです。

大川直樹　やるべきことが決まっているところがありますからね。

大川隆法　しかし、実社会に出たら、宿題もなければ、そういうテストもないので、「何をどこまで勉強するか」ということを、自分で決めてやっていかなくてはなりません。そして、そのなかで量も増やしていかなくてはならないのです。

また、やっているうちに〝枝葉〟がたくさん出てくるので、それを切り取っていくというか、絞《しぼ》り込《こ》んでいき、自分が集中できる対象を、常に、ある程度、絞っていくことが必要です。

それが片付いていったならば、余力《よりょく》の部分を使い、将来において要《い》るようなものを、「予習型」で少しずつ勉強していくことも大事です。

ほかの人から、締《し》め切りのある課題が出されるうちはまだ楽で、そういうものがなくなったときに、自分でそれを設定してやれるようになることが、人の上に立つことの初歩でしょうね。

自分ができないものを、ほかの人にやらせることはできない

大川隆法　その次には、やはり、仕事がほかの人よりよくできて、仕事の仕方を教えられるようになることが大事です。

逆に言うと、かたちが決まった易《やさ》しい仕事を、部下や後輩《こうはい》に渡《わた》してあげられるよ

うになれば、上司になっていけるのです。
これは「上司の哲学《てつがく》」ですよね。

大川直樹　はい。よい上司とは、部下に仕事を下ろして、さらに高度な仕事をするものだと、総裁先生からも教えていただいています。

大川隆法　上司と部下とが、同じ仕事をやり、競争しているだけでは駄目《だめ》なのです。

大川直樹　おっしゃるとおりです。

大川隆法　ただ、上司は部下の仕事もできなくてはいけないんですよ。
幸福の科学を始めてから、それを、当会の指導霊《しどうれい》から言われました。
初期のころ、幸福の科学出版という株式会社をつくりましたが、私には株式会社をつくった経験はありませんでした。実業の世界にはいましたが、会社自体が大きく、企業《きぎょう》対企業の取引がほとんどで、相手も大企業でした。小さな会社をつくり、個人も対象にしながら取引をするような場合には動き方が違《ちが》うのですが、私には、そのような経験がなかったのです。

しかし、当会の指導霊である●行基《ぎょうき》さんから、「自分ができないものを、ほかの人にやらせることはできない。まず出版社を自分で経営できるようにならなくては、それをほかの人に任せることはできない」と言われました。

大川直樹　厳しいお言葉です。

大川隆法　「宗教家として、それ（出版社の経営）が本業であってはいけないのは、

●**行基**（668 年〜 749 年）　奈良時代の僧侶《そうりょ》。全国各地で、橋を架《か》けるなどの土木工事を行い、さまざまな救済《きゅうさい》活動を行《おこな》ったため、民衆に非常に人気があった。そのため、朝廷から大僧正《だいそうじょう》に任命され、民衆からお金を集めるなどし、東大寺建立《こんりゅう》に大きく貢献した。（上写真）近鉄奈良駅前に立つ行基像

そのとおりで、ほかの人にやってもらわなくてはいけないけれども、自分ができないから、ほかの人に『やってください』と言うのでは、残念ながら、上司にはなれません。リーダーとしては不十分です」と言われたのです。

「全部をきちんとできなくてもよいけれども、八割ぐらいについては、だいたい分かっていて、任せている部分のうち、重要なところについては、理解ができていなくてはならない。チョコチョコといろいろな仕事をしてくれる、専門職の人がいてもよいけれども、まず自分ができなくては駄目なのだ」という厳しいことを教わりました。

以後、甘《あま》えを排《はい》し、「何であれ、輪郭《りんかく》の部分というか、基本的なところについては、まず自分で勉強しなくてはいけない」と考えるようにしました。

幸福の科学の組織や活動のもとは、全部、私がつくった

大川隆法　誰《だれ》も教えてはくれないのです。幸福の科学を始めてからは特にそうでし

た。
会社時代には、まだ多少は教えてもらえました。ただ、教えてくれる人は少なかったのです。みな忙《いそが》しく、自分の仕事で手いっぱいなので、訊《き》きに行ったりしたら怒《おこ》られるわけです。「またかよ！　言ったじゃないか、この前」などと言われたりします。

大川直樹　教えることで自分の時間が奪《うば》われると感じて、教えることを嫌《いや》がる方もいらっしゃいますよね。

大川隆法　また、ある先輩に訊いても分からなかったので、ほかの人に訊きに行ったら、前に訊いた人から、「俺《おれ》に訊いたことを、ほかの人に訊くなよ！　面子《メンツ》が潰《つぶ》れるだろうが！　そんなことも分からないのか、おまえ」と言われたこともあります。その人の解説では意味が分からないので、ほかの人に訊きに行ったのですが、そうしたら、「面子が潰れる」と怒られたのです。

このように、訊くと怒られたりするので、訊きにくくなり、ある程度、自分で勉強してやらなくてはいけなくなりました。

ただ、それでも会社では、比較《ひかく》的、ほかの人の仕事を見ながら、やり方を覚えられるのです。しかし、幸福の科学を始めてからは、教えてくれる人が事実上いなくなったので、さまざまなものについて、自分でかたちをつくらなくてはなりませんでした。

今、幸福の科学グループには、いろいろな局や本部もあれば、活動もたくさんありますが、そのもとになるものは、全部、私がつくったのです。もとをつくり、担当者を任命してやらせている状況《じょうきょう》なので、私は、その全部について、ある程度、分かっています。

そのため、当会を始めてから十年ぐらいがたっても、「今、全部を潰したって、もう一回つくれる」という自信が、あったことはありました。

幹部の動き方を出身業種別につかみ、事前に釘《くぎ》を刺《さ》した

大川隆法　当会の初期のころは、中途《ちゅうと》入局の人も幹部として数多く採用したので、一年ぐらい仕事をやらせて、「その人たちが、それぞれの業種で学んできたノウハウは何か」ということを、ずっと見ていました。

剣道《けんどう》では、自分が竹刀《しない》を振《ふ》って練習するのではなく、ほかの人の練習などを座《すわ》って見ていることを、「見取り稽古《げいこ》」といいます。将棋《しょうぎ》にも観戦による勉強があると思いますが、ほかの人がやっている姿を見て勉強するわけです。

例えば、「一流企業で部長だった人を、この仕事に投入したら、どのようなことを企画し、提案してやろうとするか。そして、結果はどうなるか」ということを一年ぐらい見ていると、「その人の動き方のパターン」がだいたい見えるのです。

「ああ、生命保険の会社から来た人は、だいたい、このような動き方をするんだ。生命保険の人は分かった」「証券会社出身の人は、このようにやるんだな」「銀行か

ら来た人は、だいたい、このように動くんだな」というように、動き方のパターンが、業種別に、だいたい見えてくるんですよ。

それが見えてくると、次に、新しい人を入れて幹部を任せても、その人が失敗するであろうことについて、あらかじめ予想がつくようになり、事前に釘《くぎ》を刺《さ》すことができるようになりました。その人が何カ月後かに失敗するであろうことが見えるのです。

大川直樹　勉強になります。

大川隆法　「三カ月後ぐらいには、こういうことをし、半年後ぐらいには、こういうことをし始める」ということがだいたい見えるので、「三カ月後ぐらいに、こんなことにならないように、また、六カ月後ぐらいに、こういうことにならないように、気をつけてください」と釘を刺しておいてから任せて、ある程度、自由にやらせながら、「外れてきたな」と思ったら軌道《きどう》修正をかけるのです。

そういうやり方で、いろいろな人を使いながら、当会を大きくしてきました。

中途入局の人には、前職で身についた一定の癖《くせ》があるので、場所を替《か》えて幾《いく》つかの部署でやらせながら、だんだん「幸福の科学人材」になるようにしていきました。

その意味で、最初は人事異動が非常に激しかった面もあります。

また、逆に、彼らのやる仕事を見ながら、私が「見取り稽古」風に勉強していたところもあります。

大川直樹　総裁先生も勉強されていたのですね。

大川隆法　誰も私に教えてはくれませんし、部下なので、そちらから教わるわけにはいかないのですが、その人たちのやり方を見ていて、判断の仕方や行動の仕方などを知ることができました。

また、「ある程度の裁量権を与《あた》えてやらせたときに、その人はどうするか」ということを、じっと見ていて、ある部分で、「これは一線を越《こ》えた」と見たら、上司として、それに修正を入れたのです。

そういう感じのことを勉強しました。

「能力の限界」を知りながら、「仕事の拡大」を考え続けよ

大川隆法　とにかく、自分の能力の限界を常に知りながら、「仕事を拡大していくには、どうしたらよいか」ということを考え続けること自体が、自制心の訓練だったような気がします。能力を過信したら、やはりできないんですね。

大川直樹　はい。

大川隆法　誇大妄想《こだいもうそう》と大言壮語《たいげんそうご》をしすぎて、「何だってできる」というようなこと

を言い、「ガマの油売り」のように大見得《おおみえ》を切ることは簡単ですが……。

大川直樹　（笑）

大川隆法　言うと責任が生じてくるので、「やれる」と言ったことについては、確実にやらなくてはなりません。

やれないことは、やはりやれないのですが、「ある程度のところまで頑張《がんば》れば、やれるかもしれない」というものについては、できるかどうか、それを判断することが必要です。このへんの見極《みきわ》めが要《い》ります。

ただ、衝動《しょうどう》というか、自分の本能だけではできないので、「客観的に見つめる目」のようなものを、持っていなくてはなりません。そうでなかったら、指導者としては駄目なのではないでしょうか。

大川直樹　おっしゃるとおりです。

9 自制心の発展❷ 国家規模の指導者に必要な自制心とは？

「神の目から見て、これで正しいのか」と問える指導者であれ

大川直樹　自制心というキーワードで国際社会を見てみると、例えば中国政府の主張などは、少しわがままに見える面があります。自分の国の主張を押《お》し通すことが「正義」であると考えすぎているように見えるのです。しかし、それは、「正義」ではなく、「わがまま」なのだと思います。

大川隆法　中国だけではなくて、北朝鮮《きたちょうせん》もそうでしょう。

「指導者の自制心」の問題もあります。自制心がなくて競争心だけが強かったり、ライバル心や敵愾心《てきがいしん》が強かったりして、「他と競争して勝つ」、あるいは「打ち倒《たお》

す」というようなことばかりを考えていると、自制心のたがが外れて、多くの人を不幸に巻き込《こ》むところがあるため、やはり、国の指導者であっても、「自制心があるかどうか」は大事でしょうね。

大川直樹　そのとおりだと思います。

大川隆法　これは、決して、「保身《ほしん》だけが自制心である」ということを言っているのではありません。

「自分が責任を持っている範囲《はんい》を全《まっと》うする」というか、「自分が責任を持っている範囲の人たちが、幸福に生きていけるようにする」ということの判断において、自分自身を甘《あま》やかすことなく、第三者の目というか、「神の目から見て、これで正しいのか」ということを問えるような指導者であるかどうかが大事です。

それは、国家レベルまで行っても、やはり問われるでしょうね。

大川直樹　そうですね。

「反戦運動こそ国防だ」と考える人は人類の歴史を知らない

大川直樹　日本においても、自国民の幸福のことを考えれば、やはり、言うべきことは言わなくてはいけません。国防の問題であってもそうですし、経済面であっても、やはり、言わなくてはいけないことは言っていくことも必要ではないかと思います。

大川隆法　「国防」と「反戦」が一緒《いっしょ》になっていたりするから……。「反戦運動こそ国防だ」と思っている人が大勢いるわけで、このへんを説得するのは大変ですよね。

大川直樹　そうですね。

大川隆法　「とにかく、戦わなければいいんだ。戦わなければ人が死なないから、それでいいんだ」と言っています。

しかし、相手も自分たちと同じような考え方をするとは限りません。

大川直樹　全然違《ちが》うこともあるわけですね。

大川隆法　これには、「歴史を学んでいるかどうか」の問題があります。

世の中においては、野心を持った国が次から次へと出てきて、拡大を図《はか》り、他国を占領《せんりょう》していきます。

大川直樹　はい。

大川隆法　戦って勝ち、相手を撃退《げきたい》できたところだけが生き延びることができ、撃退できなかったら、吸収され、消滅《しょうめつ》していきます。文明が消え、国も消え、神々まで消えるのです。

そういう歴史を知っていれば、「平和が続いているのは本当に幸運な時代である」ということが分かります。「戦争と戦争との間に平和が存在しているだけで、平和そのものがずっと続いているわけではないのだ」ということを知っておかなくてはいけないのです。

したくなくても、「大事なこと」はしなくてはならない

大川隆法　このへん（国防）は仕事と同じです。やりたくなくても、会社にとって「大事なこと」「しなくてはいけないこと」は、きちんとやらなくてはいけないのと同じなのです。

例えば、お人好《ひとよ》しで、他の人に嫌《きら》われるのが嫌《いや》な人であっても、経理局に入れば、

経費の使いすぎなどについては、「いくら何でも、これはないでしょう」と言わなくてはなりません。

例えば、「支部長、あなたが頑張《がんば》っているのは分かりますが、何百万円もの応援セットを入れるのは、この支部の大きさから見て、いくら何でも、おかしいんじゃないですか。バランスを崩《くず》しているんじゃないでしょうか」と、経理局なら言わないといけないこともあるでしょう。

大川直樹　そうですね。

大川隆法　「これは要《い》らないでしょう。ただ、これが費用以上の効果を生んでいるのなら、あってもよいのです。重要な方が支部へ来て、そこで話をすることで、『一億円を寄付させていただきます』などと言ってくれているなら、そういう応援セットにも効果があると思います。しかし、一般《いっぱん》の信者が来て、『支部長、これはずいぶん贅沢《ぜいたく》な応接セットですが、あなたは、ここで昼寝《ひるね》をしているのではないですか』と言われたら、逆効果になりますよ」というようなことを言わなくてはなりません。

大川直樹　（笑）

大川隆法　このへんについて、経理の人は、「神のような目」で判断していかなくてはならないでしょうね。

大川直樹　そうですね。「人を叱《しか》る。指導する」ということには、けっこう力が要るので、叱ることは、億劫《おっくう》というか、やりたくないと感じてしまうこともあると思うのですが、それを怠《おこた》ってしまうと、その人のためにもなりませんし、組織のためにもなりません。

そういったことを考えたとき、組織を「公的なもの」と思えば思うほど、自分として言わなくてはいけないことは、言っていかなくてはならないと思います。

「弾《たま》不足の自衛隊」で防衛戦ができるのか

大川隆法　先ほどの国防の問題に話を戻《もど》すと、今出ている月刊「ザ・リバティ」（幸福の科学出版刊）の（二〇一七年）九月号には、国民が「ええーっ」と驚《おどろ》くような特集記事が載《の》っています。

そこには、自衛隊について、「（中国と戦争になったら）ミサイルは三日ぐらいで撃《う》ち尽《つ》くしてしまうし、小銃《しょうじゅう》も弾《たま》不足が常態化している」ということが書かれているのです。

自衛隊は、普段《ふだん》、訓練では実弾を撃たず、基本的にレプリカの弾を使うので、実弾はあまり消費しませんが、それは、実弾の値段が非常に高いからです。国防のた

月刊「ザ・リバティ」2017年9月号（幸福の科学出版刊）

めに軍隊があっても、弾がなければ撃てません。

また、戦車についても、「生産台数が少ないので、製造ラインが動いている期間が短く、予備の部品が少ない。そのため、故障したら、直すのに何年もかかるかもしれない」ということが書かれていました。これでは役に立ちませんね。

大川直樹　そうですね。

大川隆法　「防衛費を年間で五兆円も使っているから、もう十分だろう」と思っても、その八割は人件費などで消えているため（注。約五兆円の防衛費のうち、約四割は隊員の人件費や食費などに使われ、さらに約四割が装備費や基地などの維持《いじ》費に充《あ》てられている）、実際上、長くは戦えない状況《じょうきょう》になっています。

五兆円を使おうが、六兆円を使おうが、肝心《かんじん》なところで防衛戦ができないなら、これには無駄《むだ》な部分があります。

大川直樹　そうですね。防衛費は、国民や国民の財産を護《まも》ることを条件に、国民の税金の使い途《みち》の一つとして計上されるべきだと思うのですが。

大川隆法　「予算が増えたか、減ったか」ということが、周りでワアワアと言われていますし、予算を削《けず》れば喜ばれるだろうと思うのですが、「何を削っているか」を見ないといけないでしょう。

弾がなくなったあとは、日本刀で斬《き》り込んで玉砕《ぎょくさい》するしかなくなるので、「それでいいんですか」ということになるわけです。

社長業では「お金の使い方」にも自制心が要《い》る

大川隆法　そのへんの「お金の使い方」では、社長業においても自制心の問題はあると思います。

最初は、お金を稼《かせ》ぐというか、収入が支出より多く、黒字が出て、お金が貯《た》まっていく体質にする必要がありますが、これには二宮尊徳《にのみやそんとく》的努力が要《い》ります。かなり頑張って、経費を抑《おさ》えながら収入を増やし、黒字化していかなくてはなりません。

これは非常に大変ですが、お金が貯まったあと、それをどう使うか、「お金の使い方」のところでもまた、自制心が要るんですね。

自分の興味・関心や趣味《しゅみ》だけで使っては駄目ですし、甘すぎて、入ったお金を全部ばら撒《ま》いても駄目です。また、「来月に入るお金を当てにして、今月、使ってしまう」という体質も駄目なのです。

お金を儲《もう》けるのも難しいのですが、使うほうは、その三倍ぐらい難しいわけです。「一億円なら一億円を何に使うか」ということを、ギリギリいっぱいまで考え、自分として、できるだけ〝神近き判断〟をしようとする努力を積み重ねていかなければ、お金の使い方も恣意《しい》的になり、個人主義的になるので、やはり自制心が要るんですね。

大川直樹　どうしても易《やす》きに流れてしまいがちです。

大川隆法　だから、「自分に厳しくある」というのは、簡単なことではありません。

偉《えら》くなり、権限を持つほど、「公正無私」であれ

大川隆法　今、政府のほうでは、森友《もりとも》学園や加計《かけ》学園の問題などに対応していますけれども、安倍《あべ》総理としては、「ちょっとした細《こま》かい話じゃないか。あなた、国家の予算は何十兆円もあるんですよ。この問題で動いたお金は、ほんのちょっとじゃないですか」と言いたいところでしょう。

大川直樹　（苦笑）

大川隆法　森友の問題では、「もしかしたら、国や地方のお金が何億円か騙《だま》し取られたかもしれない」ということで、検察は逮捕《たいほ》の準備に入っています（注。本収録から四日後の二〇一七年七月三十一日に、学校法人「森友学園」の前理事長夫妻は詐欺《さぎ》の疑いで逮捕された）。

大川直樹　そうですね。

大川隆法　ただ、「それ（不正）を総理が知っていた」ということなら、総理には道義的責任が生じてくるでしょう。

一方、加計学園に関しては、要するに憲法十四条の「法の下《もと》の平等」が問題になります。獣医《じゅうい》学部の新設をめぐって、「京都産業大学と、愛媛《えひめ》の今治《いまばり》に学部をつくろうとした加計学園とが、平等に扱《あつか》われたのかどうか」が問われています。

総理なら、平等の精神に基《もと》づき、「各県を平等に扱おう」という考え方が要るでしょう。特別なところに肩入《かたい》れしたなら、それには、国民を納得《なっとく》させるだけの合理性や説得力がなければいけません（注。二〇一七年十一月十四日、林芳正《はやしよしまさ》文部科学大臣は、学校法人「加計学園」による獣医学部新設を認可したと発表した）。

「（総理と）友達だから」とか、「たまたま一緒にゴルフをした」とか、「一緒に焼き肉を食べた」とか、そういうことだけで有利になるのであれば、国民が不信感を持つことはあるでしょう。

これだと、たくさんいる大臣について、「仕事がきちんとできているかどうか」の判断も、総理との〝友達度合い〟によって違ってくるかもしれません。

大川直樹　（苦笑）

大川隆法　「『友達だから、これは見逃《みのが》す』『友達じゃないから、この人には早々《そうそう》に責任を取らせる』というような感じになるのではないか。人材本位で、本当に国への奉仕《ほうし》のためにやっているのではなくて、あなたの心の距離《きょり》で測っているだけではないのか」。

そういうことを問われているわけです。

しかし、それが、肝心なところまでは届いていなくて、総理には、「小さい問題じゃないか。言葉で逃《のが》れられるのではないか」と思っているようなところがあります。

大川直樹　はい。

大川隆法　国民全体に不信感を持たれ、「友達のところを優遇《ゆうぐう》している」と野党から追及《ついきゅう》されていますが、総理には、本当は、マスコミに対して反撃したい気持ちでいっぱいになっているようなところがあるのではないでしょうか。このへんも、やはり、自制心の問題ではあるような気がします。

大川直樹　そうですね。「公平にできるかどうか」というところです。

大川隆法　ええ。偉《えら》くなるほど、権限を持つほど、強権を持つほど「公正無私になる」ということは、とても難しいことであり、これはこれなりに実社会における修《しゅ》行《ぎょう》だと思いますね。禅僧《ぜんそう》のように、山のなかにいて、霞《かすみ》を食っていればできるかというと、そうではありません。

大川直樹　（笑）そうですね。さまざまな誘惑《ゆうわく》に打ち勝たなければなりません。

大川隆法　実社会の生々《なまなま》しい世界、サファリパークのような世界を生きているなかで、「あそこに、おいしそうな猪《いのしし》が走っているけど、パクッと食べずに、餌《えさ》の時間まで我慢《がまん》する」ということをやらないと撃ち殺されますからね、サファリパークであっても。

大川直樹　（笑）

大川隆法　そのへんは難しいのではないかという気がします。

大川直樹　ありがとうございます。

10 結論 自制心が生み出す幸福とは？

「成功・失敗」を「運・不運」に頼《たよ》らない

大川直樹　今回、「どの段階においても、どのような人であっても、やはり自制心が大切である」ということを教えていただきました。

われわれが修行《しゅぎょう》していくなかにおいて、勉強や仕事をしていくなかにおいて、「できない自分」と闘《たたか》っていくときに、この自制心が武器となってくれるのではないかと思います。

そこで、「自制心が生み出す幸福とは何か」ということを、最後に教えていただければと思います。

大川隆法　やはり、「成功・失敗を、サイコロを投げるような感じの運・不運に頼《たよ》らない」ということが大事なのではないかと思います。ラスベガスでの賭《か》けではないので、「サイコロを投げて、よい数が出れば成功で、出なければ失敗」というようなものではありません。

人間として生きながら、できるだけ、護《まも》るべきところを護り、攻《せ》めるべきところを攻めて、前進させていかなくてはいけないわけです。

そのときのいちばん大きな武器は、やはり「自制心」ではないかと思うのです。

自制心は、偶然《ぐうぜん》の出来事によって、あるいは、環境《かんきょう》や人間関係が突如《とつじょ》変わったことによって、大きな横波を受けて転覆《てんぷく》したりしないようにするためのものです。それは、自分を護るためにも大事ですが、目標どおりに事《こと》を進めていくためにも非常に大事なものではないかと思うのです。

大川直樹　そうですね。

自制心がなかったら、四十七士《しじゅうしちし》の「討《う》ち入《い》り」はできなかった

大川隆法　例えば、自制心がなかったら、●赤穂浪士《あこうろうし》四十七士《しじゅうしちし》の「討《う》ち入《い》り」はできなかったでしょう。

大川直樹　好機が来るまで時間に耐《た》えて……。

大川隆法　彼らは二年近く潜《ひそ》んでいたんでしょう？　最初から野心を剝《む》き出しにしたら、すぐに全員が引っ捕《と》らえられていたと思います。

大川直樹　確かに、そのとおりですね。

大川隆法　その自制心が称《たた》えられているんでしょう？

●**赤穂浪士四十七士**　元禄《げんろく》14年（1701年）3月14日、江戸城内で播磨赤穂藩主《はりまあこうはんしゅ》・浅野内匠頭長矩《あさのたくみのかみながのり》が旗本《はたもと》・吉良上野介義央《きらこうずけのすけよしひさ》を斬りつけたとして、浅野は切腹を命じられ、浅野家は取り潰しになる。翌年12月14日、遺臣《いしん》の大石内蔵助《おおいしくらのすけ》以下四十七士（赤穂浪士）が吉良邸に討ち入り、吉良上野介を仇討ちした（赤穂事件）。「忠臣蔵《ちゅうしんぐら》」で有名。

大川直樹　はい。

大川隆法　「一年近く本心を隠《かく》し、着々と準備をして隙《すき》を狙《ねら》い、一気に事を成してパーフェクトにやり、そのあと責任を取る」という態度が「潔《いさぎよ》い」と言われているのだろうと思います。

自制心は「安心感」「安定感」と同時に「付加価値」を生む

大川隆法　自制心は、「偶然性」とか、「他の人の思い」とか、「環境の変化」とか、いろいろなものをはねのけながら、自分が進むべき道を目標どおり進んでいくために必要なものでもあると思います。

それと同時に、雨や風、嵐《あらし》、日照りなど、いろいろな要素が出てくるなかにおいて、護るだけではなく、一定の成果をあげ続けるためにも、必要なものではないかと思うのです。

自制心を持つことで「安心感」と「安定感」が出ますが、それは同時に、ある意味で、長い目で見た生産性、ロングスパンでの生産性を上げていく方法でもあります。それが「付加価値を生む」ということなのです。

付加価値を生むことは、会社など、いろいろな組織に貢献《こうけん》すると同時に、自分の家庭を護ることにもつながっていくのではないかと私は思います。

せっかく、いいところまで行っているのに、喧嘩《けんか》をしてしまい、駄目《だめ》になるようなことも多いので、「アンガー（怒《いか》りの）コントロール」をアメリカでは非常に大事にしています。

酒に呑《の》まれても自制心を失います。また、麻薬《まやく》や覚醒剤《かくせいざい》の類《たぐい》に手を出して人生を駄目にしてしまう人もいれば、博打《ばくち》や享楽《きょうらく》的な趣味《しゅみ》に手を出して駄目になってしまう人もいます。

〝転落の種〟はいくらでもあって、宗教的には、そういうものがたくさん言われてはいるのですが、根本的には、「少し道を外れても、すぐに戻《もど》る力を持っているかどうか」ということが、長い間、成功を続けていける道なのではないかと思うのです。

「勇気を持ってチャレンジしていく精神」を失うな

大川隆法　私たち（幸福の科学）も、まだ強く言えるほど立派ではないかもしれませんが、三十数年間、活動してきて、ほかの新宗教などに比べたら、そこそこの社会的信頼《しんらい》を得ていますし、実績をあげ、ある程度、有名にもなってきました。それには、やはり、「安定感の部分」が大きかったのではないでしょうか。

「ほかのところよりも、仕事を詰《つ》めていくことなどを大事にし、人々の見る目の厳しさ等を知りながら活動していた」というところが大きいのではないかと思うのです。

これは、どの道にも通じるものではないかと思います。

ただ、気をつけなくてはいけないのは、「自制心が、完全な自己保存に入ってしまったり、保身に入ってしまったりして、後退しないようにする」ということです。それから、「無害であればよい」というようなことで、「勇気を持ってチャレンジしていく精神」を失ったら、やはり駄目なのです。

これを言っておかなければいけないのではないかと思います。

大川直樹　はい。ありがとうございます。

本日は、「人生における自制心の大切さ」を教えていただきました。まことにありがとうございました。

あとがき

今回、総裁先生のこれまでの人生における数多くの経験などから、「自制心」とはどういうものなのかを分かりやすくお話ししてくださいました。対談を通して、私自身も勉強させていただいた点が多く、対談者というよりは生徒のような気持ちで、あとがきを書かせていただいております。

自制心は、それだけを理解して、それだけを身につけられるようなものではないと感じています。自制心は「心の力」の一つではあるけれど、信念や情熱、勇気、忍耐力、行動力、発想力、調和の心、そして愛の心など、さまざまな力と結びついたり、さまざまな力へと転化したりすることで、力を発揮するものだと思うからです。

数日前、坂本龍馬《さかもとりょうま》や吉田松陰《よしだしょういん》などは「実際の歴史上の役割や意味が大きくない」という理由で、高校の歴史用語から削除する可能性があるという報道がありました。

私は、自制心やさまざまな心の力を、生き様でもって教えてくれているのが、坂本龍馬や吉田松陰などの「偉人」と呼ばれる方々だと考えています。現代を生きる私たちに学ぶ気持ちさえあれば、今もなお、「役割や意味を持ち続けてくれる人物」こそ、本当の偉人なのだと思います。

そういった意味で、「教育内容を見直す」という行為自体は良いことなのかもしれませんが、国史を学ぶ意味ということがどのような意味を持つのか、偉人の人生を学ぶことがなぜ大切なのか、もう一度深く考える必要があるのではないでしょうか。

まえがきのなかで、「自制心も、戦後日本で失われた徳目の一つである」と総裁先生は述べられました。自制心とは、「自分を制する心」であり、その力は、自分を縛るものではなく、「自分を自由にする力」であり、そして現代においても大切な徳目の一つであると思います。

この対談で語られたメッセージが、読者の方々の心の力の発揮に繋《つな》がれば、こんな幸せなことはありません。

最後に、このような対談の機会を与えてくださった大川隆法総裁先生と本の出版に携《たずさ》わって下さったすべての皆様に厚く御礼申し上げます。

二〇一七年　十一月十七日

幸福《こうふく》の科学《かがく》常務《じょうむ》理事《りじ》兼《けん》宗務《しゅうむ》本部《ほんぶ》第二《だいに》秘書局《ひしょきょく》担当《たんとう》　大川直樹《おおかわなおき》

『自制心』大川隆法著作関連書籍

『凡事徹底と成功への道』（幸福の科学出版刊）
『大川隆法 インド・ネパール巡錫の軌跡』（同右）
『愛は風の如く』全四巻（同右）
『心を育てる「徳」の教育』（同右）
『新時代の道徳を考える』（同右）
※左記は書店では取り扱っておりません。最寄りの精舎・支部・拠点までお問い合わせください。
『若き日のエル・カンターレ』（宗教法人幸福の科学刊）
『マンガ 若き日のエル・カンターレ』（原著・大川隆法　宗教法人幸福の科学刊）

自《じ》制《せい》心《しん》 ──「心のコントロール力」を高めるコツ──

2017年12月4日　初版第1刷

著　者　　大　川　隆　法
　　　　　大　川　直　樹

発行所　幸福の科学出版株式会社

〒107-0052 東京都港区赤坂2丁目10番14号
TEL(03)5573-7700
http://www.irhpress.co.jp/

印刷・製本　株式会社 堀内印刷所

落丁・乱丁本はおとりかえいたします

ISBN978-4-86395-963-7 C0030
本文写真：けいわい /PIXTA

教育や家庭における自分づくり

心を育てる「徳」の教育

受験秀才の意外な弱点を分かりやすく解説。チャレンジ精神、自制心、創造性など、わが子に本当の幸福と成功をもたらす「徳」の育て方が明らかに。

1,500円

新時代の道徳を考える

いま善悪をどうとらえ、教えるべきか

道徳の「特別の教科」化は成功するのか? 「善悪」「個人の自由と社会秩序」「マスコミ報道」など、これからの道徳を考える13のヒント。

1,400円

夫婦の心得

ふたりでつくる新しい「幸せのカタチ」

大川咲也加　大川直樹　共著

恋愛では分からない相手の「素」の部分や、細かな習慣の違いなど、結婚直後にぶつかる〝壁〟を乗り越えて、「幸せ夫婦」になるための12のヒント。

1,400円

※表示価格は本体価格(税別)です。

大川隆法ベストセラーズ・人の上に立つ者の心構え

帝王学の築き方

危機の時代を生きるリーダーの心がけ

追い風でも、逆風でも前に進むことがリーダーの条件である——。帝王学をマスターするための智慧が満載された、『現代の帝王学序説』の続編。

2,000円

経営と人望力

豪華装丁
函入り

成功しつづける経営者の資質とは何か

年代別の起業成功法、黒字体質をつくるマインドと徳、リーダーの条件としての「人望力」など、実務と精神論の両面から「経営の王道」を伝授。

10,000円

凡事徹底と静寂の時間

現代における〝禅的生活〟のすすめ

忙しい現代社会のなかで〝本来の自己〟を置き忘れていないか？「仕事能力」と「精神性」を共に高める〝知的生活のエッセンス〟がこの一冊に。

1,500円

大川隆法霊言シリーズ・プロの厳しさと自助の精神を学ぶ

元相撲協会理事長 横綱
北の湖の霊言
ひたすら勝負に勝つ法
死後3週目のラスト・メッセージ

精進、忍耐、そして〝神事を行う者〟の誇りと自覚──。国技の頂点に立ちつづけた昭和の名横綱が、死後三週目に語った「勝負哲学」。

1,400円

吉田松陰「現代の教育論・人材論」を語る

「教育者の使命は、一人ひとりの心のロウソクに火を灯《とも》すこと」。維新の志士たちを数多く育てた偉大な教育者・吉田松陰の「魂のメッセージ」!

1,500円

現代の自助論を求めて
サミュエル・スマイルズの霊言

自助努力の精神を失った国に発展はない!『自助論』の著者・スマイルズ自身が、成功論の本質や、「セルフ・ヘルプ」の現代的意義を語る。

1,500円

幸福の科学出版

大川隆法「法シリーズ」・**最新刊**

伝道の法

人生の「真実」に目覚める時

法シリーズ
第23作

人生の悩みや苦しみは
どうしたら解決できるのか。
世界の争いや憎しみは
どうしたらなくなるのか。
ここに、ほんとうの「答え」がある。

2,000円

第１章　心の時代を生きる —— 人生を黄金に変える「心の力」
第２章　魅力ある人となるためには —— 批判する人をもファンに変える力
第３章　人類幸福化の原点 —— 宗教心、信仰心は、なぜ大事なのか
第４章　時代を変える奇跡の力 —— 危機の時代を乗り越える「宗教」と「政治」
第５章　慈悲の力に目覚めるためには —— 一人でも多くの人に愛の心を届けたい
第６章　信じられる世界へ —— あなたにも、世界を幸福に変える「光」がある

幸福の科学出版

幸福の科学グループのご案内

宗教、教育、政治、出版などの活動を通じて、地球的ユートピアの実現を目指しています。

幸福の科学

一九八六年に立宗。信仰の対象は、地球系霊団の最高大霊、主エル・カンターレ。世界百カ国以上の国々に信者を持ち、全人類救済という尊い使命のもと、信者は、「愛」と「悟り」と「ユートピア建設」の教えの実践、伝道に励んでいます。

（二〇一七年十二月現在）

愛

幸福の科学の「愛」とは、与える愛です。これは、仏教の慈悲《じひ》や布施《ふせ》の精神と同じことです。信者は、仏法真理をお伝えすることを通して、多くの方に幸福な人生を送っていただくための活動に励んでいます。

悟り

「悟り」とは、自らが仏の子であることを知るということです。教学《きょうがく》や精神統一によって心を磨き、智《ち》慧《え》を得て悩みを解決すると共に、天使・菩薩《ぼさつ》の境地を目指し、より多くの人を救える力を身につけていきます。

ユートピア建設

私たち人間は、地上に理想世界を建設するという尊い使命を持って生まれてきています。社会の悪を押しとどめ、善を推し進めるために、信者はさまざまな活動に積極的に参加しています。

国内外の世界で貧困や災害、心の病で苦しんでいる人々に対しては、現地メンバーや支援団体と連携して、物心両面にわたり、あらゆる手段で手を差し伸べています。

年間約３万人の自殺者を減らすため、全国各地で街頭キャンペーンを展開しています。

公式サイト **www.withyou-hs.net**

ヘレン・ケラーを理想として活動する、ハンディキャップを持つ方とボランティアの会です。視聴覚障害者、肢体不自由な方々に仏法真理を学んでいただくための、さまざまなサポートをしています。

公式サイト **www.helen-hs.net**

入会のご案内

幸福の科学では、大川隆法総裁が説く仏法真理《ぶっぽうしんり》をもとに、「どうすれば幸福になれるのか、また、他の人を幸福にできるのか」を学び、実践しています。

入会

仏法真理を学んでみたい方へ

大川隆法総裁の教えを信じ、学ぼうとする方なら、どなたでも入会できます。入会された方には、『入会版「正心法語」』が授与されます。

三帰《さんき》誓願《せいがん》

信仰をさらに深めたい方へ

仏弟子としてさらに信仰を深めたい方は、仏《ぶっ》・法《ぽう》・僧《そう》の三宝《さんぼう》への帰依を誓う「三帰誓願式」を受けることができます。三帰誓願者には、『仏説・正心法語《しょうしんほうご》』『祈願文《きがんもん》①』『祈願文②』『エル・カンターレへの祈り』が授与されます。

幸福の科学 サービスセンター
TEL 03-5793-1727 （受付時間／火～金：10～20時 土・日祝：10～18時）

幸福の科学 公式サイト
happy-science.jp

教育

ハッピー・サイエンス・ユニバーシティ
Happy Science University

ハッピー・サイエンス・ユニバーシティとは

ハッピー・サイエンス・ユニバーシティ(HSU)は、大川隆法総裁が設立された「現代の松下村塾」であり、「日本発の本格私学」です。建学の精神として「幸福の探究と新文明の創造」を掲げ、チャレンジ精神にあふれ、新時代を切り拓く人材の輩出を目指します。

学部のご案内

人間幸福学部

人間学を学び、新時代を切り拓くリーダーとなる

経営成功学部

企業や国家の繁栄を実現する、起業家精神あふれる人材となる

未来産業学部

新文明の源流を創造するチャレンジャーとなる

HSU長生キャンパス
〒299-4325
千葉県長生郡長生村一松丙 4427-1
TEL **0475-32-7770**

未来創造学部

時代を変え、未来を創る主役となる

政治家やジャーナリスト、ライター、俳優・タレントなどのスター、映画監督・脚本家などのクリエーター人材を育てます。4年制と短期特進課程があります。

・4年制
1年次は長生キャンパスで授業を行い、2年次以降は東京キャンパスで授業を行います。

・短期特進課程(2年制)
1年次・2年次ともに東京キャンパスで授業を行います。

HSU未来創造・東京キャンパス
〒136-0076
東京都江東区南砂2-6-5
TEL **03-3699-7707**

幸福の科学グループの教育・人材養成事業

学校法人 幸福の科学学園

学校法人 幸福の科学学園は、幸福の科学の教育理念のもとにつくられた教育機関です。人間にとって最も大切な宗教教育の導入を通じて精神性を高めながら、ユートピア建設に貢献する人材輩出を目指しています。

幸福の科学学園

中学校・高等学校（那須本校）
2010年4月開校・栃木県那須郡（男女共学・全寮制）
TEL **0287-75-7777**
公式サイト **happy-science.ac.jp**

関西中学校・高等学校（関西校）
2013年4月開校・滋賀県大津市（男女共学・寮及び通学）
TEL **077-573-7774**
公式サイト **kansai.happy-science.ac.jp**

仏法真理塾「サクセスNo.1」 TEL **03-5750-0747**（東京本校）
小・中・高校生が、信仰教育を基礎にしながら、「勉強も『心の修行』」と考えて学んでいます。

不登校児支援スクール「ネバー・マインド」 TEL **03-5750-1741**
心の面からのアプローチを重視して、不登校の子供たちを支援しています。
また、障害児支援の「**ユー・アー・エンゼル!」運動**も行っています。

エンゼルプランV TEL **03-5750-0757**
幼少時からの心の教育を大切にして、信仰をベースにした幼児教育を行っています。

シニア・プラン21 TEL **03-6384-0778**
希望に満ちた生涯現役人生のために、年齢を問わず、多くの方が学んでいます。

NPO 活動支援

いじめから子供を守ろうネットワーク

学校からのいじめ追放を目指し、さまざまな社会提言をしています。また、各地でのシンポジウムや学校への啓発ポスター掲示等に取り組む一般財団法人「いじめから子供を守ろうネットワーク」を支援しています。

公式サイト **mamoro.org**
相談窓口 **TEL.03-5719-2170**
ブログ **blog.mamoro.org**

政治

幸福実現党

内憂外患《ないゆうがいかん》の国難に立ち向かうべく、2009年5月に幸福実現党を立党しました。創立者である大川隆法党総裁の精神的指導のもと、宗教だけでは解決できない問題に取り組み、幸福を具体化するための力になっています。

幸福実現党 釈量子サイト
shaku-ryoko.net

Twitter
釈量子@shakuryoko
で検索

党の機関紙
「幸福実現NEWS」

幸福実現党 党員募集中

あなたも幸福を実現する政治に参画しませんか。

○ 幸福実現党の理念と綱領、政策に賛同する18歳以上の方なら、どなたでも参加いただけます。
○ 党費:正党員(年額5千円[学生 年額2千円])、特別党員(年額10万円以上)、家族党員(年額2千円)
○ 党員資格は党費を入金された日から1年間です。
○ 正党員、特別党員の皆様には機関紙「幸福実現NEWS(党員版)」が送付されます。

＊申込書は、下記、幸福実現党公式サイトでダウンロードできます。
住所:〒107-0052 東京都港区赤坂2-10-8 6階 幸福実現党本部
TEL **03-6441-0754** FAX **03-6441-0764**
公式サイト **hr-party.jp** 若者向け政治サイト **truthyouth.jp**

幸福の科学出版

出版
メディア
事業

大川隆法総裁の仏法真理の書を中心に、ビジネス、自己啓発、小説など、さまざまなジャンルの書籍・雑誌を出版しています。他にも、映画事業、文学・学術発展のための振興事業、テレビ・ラジオ番組の提供など、幸福の科学文化を広げる事業を行っています。

アー・ユー・ハッピー？
are-you-happy.com

ザ・リバティ
the-liberty.com

幸福の科学出版
TEL 03-5573-7700
公式サイト irhpress.co.jp

THE FACT

ザ・ファクト
マスコミが報道しない
「事実」を世界に伝える
ネット・オピニオン番組

Youtubeにて
随時好評
配信中！

ザ・ファクト　検索

芸能文化
事業

NEW STAR PRODUCTION

ニュースター・プロダクション

「新時代の"美しさ"」を創造する芸能プロダクションです。2016年3月に映画「天使に"アイム・ファイン"」を、2017年5月には映画「君のまなざし」を公開しています。

公式サイト newstarpro.co.jp

ARI Production

ARI《アリ》 Production《プロダクション》

タレント一人ひとりの個性や魅力を引き出し、「新時代を創造するエンターテインメント」をコンセプトに、世の中に精神的価値のある作品を提供していく芸能プロダクションです。

公式サイト aripro.co.jp